死六臣顯彰
한국의 충효정신,
사육신 현창

순의 제564주년 학술세미나 보고서

(사)사육신현창회

한국의 충효정신, 사육신 현창

저　자 (사)사육신현창회
1판1쇄 발행 2020년 12월 30일
발행처 우리마당웰컴
발행인 정혜현
디자인 김현리
진행PD 김예진
주소 서울특별시 양녕로26길15.c105
ISBN 979-11-6440-756-9

www.sa6sin.co.kr
sa6sin@gmail.com

본 보고서는

사육신 순의 제564주년 기념, 제1회 학술세미나 보고서입니다.

이를 통해 사육신 현창에 대한 진정한 의미를 되새기고

보다 더 발전적으로 현창사업이 이루어지도록

학문적으로 고찰하기 위해 제작되었습니다.

제1회 사육신 순의 제564주년 학술세미나

"한국의 충의정신, 사육신"

2020년 12월 30일(수) 14:00~17:00

\<Zoom\>

후원 : 서울특별시 · 동작구청 · 동작문화원

"순의 제564주년"

死六臣 顯彰

순의(殉義) : 의(義)를 위해 죽음

현창(顯彰) : 밝게 나타냄, 드러냄

목차

격려사

대한민국 국회 문화체육관광위원장 도종환

코로나19 팬데믹으로 힘든 시기, 우리의 역사와 문화, 관광 자원을 위한 노력에 감사의 인사를 드립니다.

우리 대한민국에는 세계인들이 부러워하는 "한민족만의 끈질긴 저력"이 있습니다. 그 힘의 근원은 충효(忠孝)의 정신적 가치에서 비롯됩니다.

조선왕조 600년. 유교 성리학의 중심은 충의(忠義) 충효(忠孝) 정신이었습니다. 그 정신적 가치는 오늘날 우리 대한민국 저력의 근원이 되고 있습니다.

역사는 과거만이 아니라 오늘에 되살려 미래 동력으로 삼아야할 우리의 자산입니다. 역사를 원소스 멀티 유즈라는 글로벌 콘텐츠의 핵심으로 볼 때, 사육신은 조선 600년을 관통해 오늘날, 나아가 지구 공동체에 묵직하게 한민족이 던져줄 수 있는 정신문화적 가치를 지니고 있습니다.

사육신(死六臣) 순의 제564주년 줄기차게 이어온 현창(顯彰) 활동은 절대 권력자인 왕(王)들을 거스르며, 때론 타협하여 얻어냈으며 오늘날까지 이어온 전 세계 그 유례가 없는 지난한 노력들입니다.

조선왕조실록이라는 정사(正史)와 남효온의 추강집 육신전 등의 야사(野史)적 문집들이 있으며, 서울 노량진과 영월의 장릉 등 다양한 문화재, 기록문화, 최초의 남북 합작 드라마 제작 등등 풍부한 스토리들이 있습니다.

제1회 학술세미나를 축하하면서, (사)사육신현창회의 노고에 더 나은 우리 역사문화 관광자원의 핵심으로써 사육신 현창에 작은 힘을 보탤 것을 약속합니다.

축사

안녕하십니까.
동작구 갑 국회의원 김병기 입니다.

먼저 사육신현창회 제1회 학술세미나를 성공적으로 개최하신 것을 축하드리며, 세미나를 준비해주신 이사장님을 비롯한 관계자분들께 감사의 말씀을 드립니다.

사육신현창회는 어려운 시기에도 우리의 역사와 사육신 선생님들의 충의사상을 계승하고 발전시키기 위해 다양한 활동을 지속해오고 있습니다.

작년에는 코로나19 팬데믹 상황에서도 비대면 언택트 방식의 충의(忠義) 제례 온라인 행사와 사육신 순의 564주년 기념 온라인 백일장 공모전을 개최하여 숭고한 우리의 문화를 계승하고 지키기 위해 노력했습니다.

이번 세미나가 우리의 숭고한 문화에 대한 의미를 다시 되새기고, 우리 자신에 대한 자긍심을 높이는 기회가 되기를 바랍니다.

저 또한 우리의 역사와 문화를 지키기 위한 의정 활동을 이어나갈 수 있도록 하겠습니다.

축사

서울특별시 의원 유용

대한민국 서울을 대표하는 정신문화 가치는 충효가 아닐 수 없습니다.

코로나19 팬데믹 시기에 순의 제564주년 기념사업들은 조선600년 역사를 관통하는 우리 민족의 충효(忠孝) 정신의 발로입니다. 당대에는 난신(亂臣)이 후세에는 충신(忠臣)으로 한민족 누구에게서나 추앙받는 역사 문화적 자산입니다.

사육신 순의 제564주년을 기리는 제1회 학술세미나에서 발제해 주신 글로벌 콘텐츠화나 세계문화유산으로써의 가치 등은 한국을 대표하는 역사 문화적 자산으로, 충의(忠義), 충효(忠孝) 정신의 상징, 사육신 어르신들의 사육신 공원이 서울의 자랑이 아닐 수 없다는 것을 증명합니다.

사육신 현창 사업은 한류 바람을 타고 조선 이후 지금까지 한국 정신문화적 상징으로 더 많은 콘텐츠로써 성장 발전할 수 있는 우리의 역사 문화적 큰 자산입니다.

2007년 최초의 남북한 공동 드라마 소재였듯이 다양한 국내외 협업 작품들의 소재가 될 수도 있습니다. 사육신은 일부 가문들의 의미를 넘어 순의 제564주년이라는 '사육신(死六臣) 현창(顯彰)'이 세계 역사 문화사적으로 의미가 있어, 유네스코 등재와 글로벌 콘텐츠 가치가 높다는 제언에 함께 합니다.

서울을 대표하는 역사문화 관광 상품으로써 더욱 의미 있는 변화들을 만드는데... 코로나19 팬데믹 시기에도 힘들게 노력하시는 (사)사육신현창회의 노고에 다시 한 번 감사의 인사를 드립니다.

인사말

(사)사육신현창회 학술세미나위원장 이은식

존경하는 회원 여러분!

코로나시대의 어려움 속에 여러 회원님들의 건강하심과 가정의 화평하심을 진심으로 기원 드리는 바입니다.

날로 번져가는 코로나19 팬데믹을 회원 여러분께서는 잘 극복하시고, 건강에 더욱 유의하시기를 거듭 말씀을 드립니다.

금년 한 해, 회원 여러분들의 많은 이해와 협조 속에 사육신현창회에서는 전례 없는 많은 사업성과를 이룩하였습니다.

먼저, 사육신평진인 '사육신, 그날의 영혼들'을 발행하였습니다. 480페이지, 10,000부를 발행해서 각 회원 여러분들께 배분드리고 있는 중입니다.

두 번째로 사육신 순의 제564주년을 기념하기 위한 인터넷 대제를 지난 10월9일에 봉행을 했습니다.

세 번째로 순의 제564주년 기념으로 사육신 백일장을 개최해서 많은 성과를 거양했으며, 작품집을 발간하여 여러분들께 송부해드렸습니다.

네 번째로 사육신회보를 3회 발간했습니다. 16면의 회보 10,000부씩을 3회에 걸쳐 발행했습니다.

다섯 번째로 유적답사를 하여, 인터넷 방영을 하고 있습니다. 단종임금의 유배길, 단종의 능, 영월의 유배지, 박물관 등을 방문해서 사육신의 흔적을 그곳에서 찾아보고자 많은 연구를 하고 애를 썼습니다. 인터넷으로 방영되고 있습니다.

여섯 번째로 고서적 등의 책을 약300부 확보를 했습니다.

그리고 이어서 금년 사업의 일환으로 오늘 사육신 순의 제564주년 기념 학술세미나를 개최하게 되었으며 그 제목을 '한국의 충의정신, 사육신'으로 정했습니다.

시대가 시대인 만큼 면대면으로 하지 못하고 인터넷으로 진행됨을 여러분들께 양지를 드립니다.

금년이 처음이라서 준비 등에 미흡한 점이 많을 것으로 사료가 됩니다마는 회원 여러분들께서 양지해 주시기 바라며, 다만 발표자, 출연자들은 동 분야의 쟁쟁한 전문가들을 모시게 되었음을 다행으로 생각하며, 발표에 임해 주신 여러 선생님들께도 심심한 감사의 말씀을 드립니다.

회원 여러분들께서 주지하시는 바와 같이 사육신이라고 하는 개념은 우리국가의 충과 효를 상징하는 정신문화의 표본이 분명합니다.

사육신의 충(忠)은 국가의 윤기(倫紀) 강상(綱常)을 바로잡고, 역사의 수레바퀴를 바로 세우려는 반정의거이며 윤리광복운동이요, 정의로운 민족정기의 대내적 발현이었기에 충절(忠節) 보급과 그 정신 현창이 조선조 500여 년 동안 지속되어 왔음을 또한 잘 알고 있는 사실입니다.

이에 대하여 오늘 이 자리에서 여러 석학들에 의해서 심오한 논의와 많은 유익한 해석이 있겠습니다.

오늘, 그 출발은 비록 미약하지만 내일은 훨씬 더 창대한 발전이 있으리라고 생각합니다.

학술세미나는 해마다 년1회씩 진행이 될 것임을 여러분들께 말씀을 드립니다.

여러분들의 건강하심과 여러분의 가정에 행운이 함께 해 주실 것을 진심으로 기원 드리면서 인사에 가름코자 합니다. 감사합니다.

"한국의 충의정신, 사육신"

死六臣 顯彰

비대면 온라인
제1회 학술세미나

사회 윤영용(작가)

　먼저 비대면 온라인 세미나를 줌zoom으로 하게 돼서 인상이 깊습니다. 워낙 코로나19 대응 2.5단계에 상황이 어려워서 세 차례를 연기했어요. 저희가 세 차례를 연기해서, 국회에서 학술세미나로 준비했다가 연기했고, 방송국과 협력해서 세미나를 하려다 어려워졌고, 이제 유튜브 방송으로... 저희가 밖에 있는... 사단법인 쪽에서 같이... 한정해서 스튜디오에서 진행하고, 줌zoom으로... 빠르게 진행하도록 하겠습니다. 먼저 사육신에 대한 전반적인 이해를 돕기 위해서 동국대학교 명예 교수님이시고 한국해양정책학회 부회장이시며, 한국경제신문 칼럼니스트인 윤명철 박사님께서 사육신에 대한 전반적인 이해에 대해서 발표를 해주시겠습니다.

'사육신(死六臣) 이해'

윤명철

동국대학교 명예교수

우즈베키스탄 국립사마르칸드 대학교 교수

한국해양정책학회 부회장

한국경제신문 칼럼리스트

[발표문 요약]

1. 사건의 개요

2. 사육신의 등장 배경

1) 세종 시대와 문종 시대의 정치 문화
○ 조선의 건국과 성리학
○ 세종의 정치와 업적
○ 내부의 갈등
2) 세조의 등장
○ 단종의 폐위
○ 신세력 등장
3) 단종복위 거사
○ 실패

3. 이 사건의 특성

1) 현상
○ 군사력의 대결
○ 7일 만의 단기처리

○ 대대적인 숙청. 잔인한 보복

2) 명분 : 건국의 정당성 논리인 성리학의 명분론 정통론

○ 권력욕, 정책대결의 갈등

3) 본질

○ 건국초기의 세력교체 과정

○ 기득권 권력 세력의 교체

○ 집현전 세력의 몰락

○ 세종·문종조의 기득권세력과 세조 중심의 신세력

○ 권력 쟁탈전 및 이념 명분 싸움

4. 거사의 정당성과 필요성의 고찰

1) 국가 성립의 명분 -성리학적 사상

○ 조선 경국전

정도전이 1394년에 태조에게 바친, 국가의 목표, 정책의 대강과
방법론 등 국민(民)의 마음을 얻지 못하면 왕(人君)을 버린다. 즉,
'백성의 중시'를 정체의 핵심으로 선언.

2) 왕권(천명받은)을 제약하는 정치 엘리트들로 관료 체제 구축.

○ 성리학 사상으로 이상사회를 실현, '정통론', '명분론'

○ 학자적 관교, 관료적 학자의 시스템

3) 정치 관료의 갈등은 학자들의 학문적 성향갈등

○ 정통론

○ 명분론의 보존 고수

○ 적장자 계승의 문제

○ 충으로 표현된 근왕사상

○ 효

5. 사건의 여파와 역사적 의의

1) 여파

○ 세조와 신세력의 등장

○ 사육신과 생육신의 역사적 등장

○ 조선의 건국정신 변질

○ 피의 쟁탈전 시작

○ 내부 분열의 계기-당쟁시작

○ 유교 윤리의 명분 상실

○ 도덕성 약화

○ 관리들의 사회적 책임 약화 ..가렴주구

2) 역사적 의미

○ 충. 효 등 명분 중시의 움직임 가시화

○ 반면에 조선 관리들의 당쟁 빌미를 제공

○ 한국인의 정신사의 의미 깊은 기억

○ 가치관의 기준점 제시

○ 성리학의 유연한 논리와 변증법적 사고

○ 산업의 발달로 부의 창출 기회 확대와 사회부의 증강

○ 토지 개량 등

○ 분배와 공유가 가능?

○ 관직의 확대—신구의 협력

6. 가정. 만약에?

○ 세조 정치의 긍정적 측면도 부각

○ 이 시대의 개념 재설정

○ 충과 효의 기준을 다양하게 바라 볼 필요?

○ 왕이나 지배 계급만이 아닌 백성의 이익 중시

○ 가문(족보) 중심이 아닌 백성 중심

7. 제언

○ 세조 정치의 긍정적 측면도 부각

○ 이 시대의 개념 재설정

○ 충과 효의 기준을 다양하게 바라 볼 필요?

○ 왕이나 지배 계급만이 아닌 백성의 이익 중시

○ 가문(족보) 중심이 아닌 백성 중심

주제발표1
"사육신 이해"

안녕하세요. 동국대학교 윤명철 입니다. 먼저 발표 전에 제 소회를 말씀 드리죠. 제가 이 부탁을 받고 갑자기 떠오른 것은 어렸을 때가 생각났습니다. 제 일생에 가장 큰 충격을 준 것은 사육신의 유응부 선생님이 고문에 저항하는 장면입니다. 그것이 제게 충격을 주었고요. 그리고 이순신 장군이 상처를 치료할 때, 흔히 말하는 마취제를 쓰지 않은 것이죠. 칼끝이 들어와도 신음소리를 내지 않았다. 그리고 단재 신채호 선생이 한 겨울에도 세수할 때, 고개를 숙이지 않았다. 이것이 제가 어렸을 때 받은 충격이었습니다. 그래서 저는 사실 주 전공이 고구려사와 함께 동아시아해양사이고요. 그리고 최근에는 유라시아로 영역을 확대해서 많은 글을 쓰고 있습니다. 그런데 이 부탁을 받고 참석을 해야겠다. 그런 말씀을 드렸고요. 그리고 저는 동양사 체제를 하면서 특히 조선에 대해서는 다소 비판적인 견해를 갖고 있습니다. 조선의 심리학적 견해와 그 다음 체계에 관해서 비판적 견해를 갖고 있고, 그에 관한 글들을 발표했는데요. 그럼에도 불구하고, 사육신이 갖는 의미는, 제 관점에 따르면 이 사건을 계기로 해서... 조선 건국의, 정말 말 그대로 정통성... 명분... 그리고 긍정적 원리 원칙에 관한 것들이 흐트러지기 시작했다고 봅니다.

실제로 이 이후에 당쟁이 많이 발생하거든요. 그래서 사육신에 관해서는 좀 더 엄숙해야 된다는 마음을 갖고 발표를 시작합니다.

아마 내용이 20분 정도로 축약할 필요가 있어서요. 제가 정리를 했습니다.

조금 전에 김종성 학술세미나위원장님께서 말씀하셨지만 지금 사육신의 정치사적 의미는 과거보다 더 강해진 것 같습니다.

예를 들면 사회적 피로도가 강해졌는데요. 문명의 문제를 떠나서 한국 사회에는 여러 가지 문제점들이 있습니다. 그 중에서도 정체성의 상실 문제가 있고요. 특히 많은 사람들이 이런 사회 공동체 의식의 균열을 보이고 있는데요. 이런 정체성 확인 작업이 필요하고, 또 충과 효의 문제가 있는데... 고전적인 효(孝) 개념이 사라졌다는 것은, 지금 부정할 사람은 아무도 없습니다. 또 한편에서 충(忠)의 문제도 마찬가지인데요. 나라의 충성이라는 것이 대단히 중요한데... 물론 제 발표도 그렇고 토론에서도 현대적인 의미의 충(忠)이 무엇인가? 이런 내용이 있습니다.

그럼에도 불구하고 충과 효 이런 것들은 우리가 다시 한 번 짚어볼 필요가 있다 라는 마음에서 오늘 발표를 진행하도록 하겠습니다.

여러분들이 사육신에 관해서는 너무나 잘 알고 있기 때문에... 제가 종합 7장으로 만들었는데요. 1장, 2장은 생략하도록 하겠습니다. 1장은 이 사건의 개요고요. 두 번째 2장은 사육신의 등장 배경인데... 이런 것들은 대부분의 사람들이 알고 있기 때문에, 건너 뛰면서 3장부터 본격적으로 이 역사적 평가와 의의를 말씀 드리죠.

다만 2장에서 보면, 세종 시대와 문종 시대 정치 내용이 있는데요. 이 내용을 보게 되면, 저는 세종대왕을 역사적인 천재라는 용어를 썼습니다. 어떤 분야에도 천재가 있지만, 특히 세종대왕 같은 경우는 역사적인 천재라고 부를 만큼... 다소 부정적인 면도 있지만, 대체적으로 '이게 가능한 일일까' 그래서 제가 세종대왕의 글을 쓰면서도 놀라웠었는데... 결국 세종의 평가 그리고 세종의 죽음 이후에 발생한 사건이기 때문에... 세종에 대한 평가는 그 이후 문종 뒤를 이은 단종과 세조까지도 연결된다는 생각이 듭니다.

왜 그러냐면, 역사적인 천재 그리고 시대의 통찰력을 가진 사람이라면 자기 이후의 시대에 관해서도 늘 염두 해두는데... 그런 면에서 보면 세종은 부분적으로 실패하지 않았나? 그런 생각이 듭니다.

이 사건의 현상을 간단히 말씀드리면... 일단 현상적 측면에서... 놀랍게도 조선 시대에서는 인조반정 그리고 뒤를 이른 이괄의 난이 있지 않습니까?

여기에 놓고 볼 때, 그 외에는 이징옥의 난도 있습니다만, 실제로 이 사건 즉 계유정난 속에서는 군사력의 배열이라는 것이 드러났거든요. 실질적으로 군사는 동원되지 않았지만, 문관 무관들이 오고 실질적으로 군사력을 동원해서 했습니다.

두 번째는 이 사건의 결과... 단기적으로 처리 했는데요. 사료에 따르면... 7일 만에 모든 일이 속전속결 처리 됩니다. 이것은 여러 가지를 의미하고 있는데... 그만큼 거사를 주도하는 힘이 강력했고, 그 힘이 남아 있기 때문에 빠른 시간 안에 정리하지 않으면 안 되겠다는... 위기의식의 반론으로써... 역시 세조의 입장에서 7일 만에 단기 처리를 해야 했다고 생각하고요.

그리고 잘 아시겠지만, 대대적 숙청 작업이 일어나고, 잔인한 보복이 이루어졌는데요. 이것 또한 조선에서는 대대적으로 당쟁이 있었지만... 여기처럼... 이렇게 잔인하고, 빠른 시간에 대거 숙청이 일어난 것은 찾기가 힘듭니다. 그럴 때는... 이 사건은 특별한 이유가 있겠구나. 이렇게 저는 볼 수가 있다는 것이죠.

그리고 명분상에서 보게 되면, 실질적으로 정당성 논리라는 것은 성리학의 명분론... 전통론... 이런 것이거든요. 그런데 이런 것들이 이른바 새로운 세력과 또는 그 이전의 세력과의 권력 또는 나아가서 정책 대결의 갈등들이 있는데...

어느 쪽의 정책이 올바른가에 대해서는 아직은 판단하기 힘듭니다. 그리고 이런 판단은 시대 상황에 따라서 다시 재조정될 수밖에 없는데요. 기본적으로 사육신의 정책들과는 별개로 그 이후 등장한 세조의 정책을 보면 긍정적인 측면도 많이 있기 때문에 그것을 정책 대결로 볼 때, 선악이라든가 정의를 가릴 수는 없다는 것이 제 판단입니다.

다만 이것은 있습니다. 정치권력의 문제에 있어서... 건국하고 나서 결국 세종을 지나서 문종 때부터 시작한 건국 초기의 세력 교체 과정이 여기는 반드시 개입이 돼 있습니다. 건국을 주도했던 1세대와 그 다음 등장한 신진세력들 간에 대결 구조를 보이고 있는 데요.

거기서 뒤어 나온 것이 바로 집현전 세력들입니다. 본인의 이상을 실현하기 위해서, 왕권을 강화시키기 위해서, 몇 가지 목적을 갖고 집현전이라는 것을 설치하고, 집현전을 통해서 자기와 직결될 수 있는 세력들을 강화 시키고 있는데요.

이 사건을 계기로 해서 집현전 세력이 몰락하게 됩니다. 그러나 승계적으로 새로운 세력이면서 수구적일 수 있는 다소 묘한 집단들이 등장하고요. 그리고 여기서 이제는 왕권이 강화되는 그런 결과를 가졌습니다. 세종대왕은 조선시대에서도 대단히 왕권을 강화 시킨 인물인데요. 그 뒤를 이은 문종은 사실 약하고요. 단종 같은 경우는 여러분들이 아시겠지만 짧은 기간 동안 집권했고, 결국은 세조가 직접 관여를 했기 때문에 왕권이 약화 됐거든요.

그런데 계유정난을 통해서 세조가 등장을 하고... 그러면서 왕권 세력이 보다 강화 됐다는 겁니다. 그래서 결론적으로 말씀드리면 권력 쟁탈전과 이념 명분에 쌓인 것이 바로 이것이었다. 그리고 당연히 이것 외에 조금 있다. 제가 다음 다음 장에서 말씀 드리겠지만, 여기는 당연히 실질적인 이익을 목표로 했겠죠. 실질적 이익이라는 것은 관직과 토지 그 다음 사상 이런 것들을 들 수가 있겠습니다.

4장으로 넘어가겠습니다. 그렇다면 이 거사는 정당성이 있을까? 없을까? 그다음 이것이 필요한가? 필요하지 않은가? 이런 부분을 고찰할 필요가 있습니다. 그랬을 경우에, 다시 한 번 제가 조선 건국을 살펴보는데요. 조선 건국의 주체들은 흔히 말하는 신진사대부에서 발달한 성리학 사대부들인데요. 고려를 쓰러트릴 때도 그들이 주장한 것은 바로 성리학적 명분론과 정당성, 정통성입니다.

조선을 건국하는 가장 주도적인 힘을 발휘한 사람이 정도전이거든요. 그는 여러 가지 정책을 입안했고, 수도 서울을... 수도를 한양이죠. 한양에 입지를 정하고, 거기에는 철학적 배경까지 있을 뿐 아니라 가장 중요한 조선 전체를 일관하는 논리와 시스템을 정하는 조선경국전을 편찬했다는 겁니다.

정도전이 조선경국전을 편찬했기 때문에... 이 사건이 끝나고, 성종 때 이르러서 경국대전이 완성되거든요.

그런데 조선 경국전에 보면 조선을 이렇게 얘기하고 있습니다. 1394년에 태조에게 바친 글인데요. 여기에... 국가의 목표, 정책의 큰 틀과 방법론들이 제시가 되어 있는데... 제가 주목한 부분은 이겁니다.

국민 즉 민(民)이라는 말이 쓰여 있는데요. 민(民)의 마음을 얻지 못하면 왕을 버린다. 즉 민(民)의 마음을 얻지 못하면 임금을 버린다? 이 것은 혁명론입니다. 즉 백성의 존재가 정체라는 것을 선언한 것이지요.

뿐만 아니라 이렇게 천명을 받은 왕권을... 장악하는 정치... 엘리트들로 관리 체제를 구축해야 된다는 것을 분명히 했기 때문에... 여기서는 왕권을 제약하면서, 말 그대로 이상을 지향하는, 학자적... 관료... 학자들의 힘을 장악하게 하는 것을 경국전에 담고 있습니다.

말씀드리자면 그들은 성리학적 이상으로 이상 사회를 실현 하려는 강력한 욕망을 갖고 여러 가지 일을 추진하는데... 그 사상의 요체는, 특히 오늘, 이 거사에 연관되는, 정통론과 명분론이 되겠습니다.

결론은 정통론과 명분론을 근거해서 이것을 고수하려는, 흔히 말하는, 사육신 세력들... 그리고 반대의 세력과의 싸움인데요. 정통론... 그래서 적장자 계승의 문제가 있습니다. 그래서 여러분들이 아시는 것처럼 세조는 본래 여기 해당하지가 않죠. 그래서 이런 적장자 계승의 문제가 있고요. 또 하나는 충으로 표현된 근원 사상이 있는데... 그러면 사육신들은 이들이 추구한 것은 충과 효라고 했었는데 이것은 당연히 필요한 것이었습니다.

기본적으로 이것은 사육신 세력들은... 사육신들은 충과 효라는 명분론까지도 고수하고, 고수하려는 의지를 갖고, 과감하게 거사를 치렀습니다.

자, 그렇다면... 이 사건은 어떤 역할을 가져왔고, 역사적 의미는 무엇일까? 이것이 중요하죠. 어떤 역사적 의의를 갖고 있을까가 중요한데요. 결국은 기본적으로 계유정난을 통해서 세조와 신세력이 등장하게 됐습니다.

이 신세력에 대해서는 그동안 많은 분들이 언급을 했고요. 그리고 사실 2장에서 언급될 내용인데... 제가 굳이 이 자리에서 다시 언급할 필요는 없다고 봅니다. 그리고 이때 우리가 알고 있는 사육신과 생육신이 역사적 존재로 등장을 하는데요. 물론 어느 시대나 이렇게 충과 효, 특히 충(忠)에 철저한 이런 인물들이 있기 마련인데... 이 사건이 워낙 중대했고, 그리고 사육신과 생육신으로 인한, 당(黨)으로 인한 환위(換位) 때문에 우리 역사에서는 굉장히 중요한 의미를 갖고 있습니다.

따라서 그 이후의 역사를 보면 성종 때부터 시작되지만, 이 사육신과 생육신의 존재... 그리고 그들의 위상을 복구하느냐 복구하지 못하느냐를 가지고 조선 후기까지도 논쟁이 벌어지게 되거든요. 그만큼 사

유신과 생육신이 가지고 있는 이런 역사적 의의는 굉장히 중요하다고 볼 수가 있습니다. 시대마다 지금도 마찬가지입니다. 언제나 그랬듯이 충효(忠孝) 이것을 기반으로 특별한 인물이라든가 특별한 세력의 존재는 때로는 필수 불가결한 것이죠.

자, 그래서 어떤 일이 생기게 되냐면... 제가 조금 전에 말씀 드렸지만, 조선 건국의 정당성이 많이 상실 됐습니다. 철저하게 교조적인 성격이 있습니다만 기본적으로 이상주의자들이거든요. 초기 출발 할 때 그들은 이상을 추구하는 특별한 사람들이었어요. 그런데 이런 조선의 건국 정신이... 사실 이것 사육신 사건을 계기로 해서 변질되기 시작한 거죠.

그들이 권력을 추구한 집단 즉 고려말과 큰 차이가 없었구나. 이래서 피의 쟁탈전이 시작이 되고, 내부 분열의 계기가 시작 되면서 조선사에서 당쟁이 시작하는 겁니다.

여러분들이 아시겠지만, 성종 때... 그 뒤를 이어서... 왜구의 침략부터 시작해서... 시달리죠. 그 과정 속에서 당쟁이 시작되고, 임진왜란과 병자호란을 겪어 가면서... 말할 수 없는 당쟁이 생기는데 이런 당쟁이 시작되는 계기... 단초 이런 것을 마련한 것이 저는 이 사건이라고 보고 있습니다.

그리고 유교의... 명분을 상실했는데요. 조선 건국의 정당성도 없고, 실질적으로 역성혁명인데요. 이렇게 건국의 정당성을 가질 수밖에 없는 이유는 그들이 앞에 내세운 것이 유교 윤리인 것이거든요.

그것은 흔히 말하는 도덕과 선(善)을 기초로 하고 있는데요. 이렇게 권력 쟁탈전을 벌이고, 더군다나 살육(殺戮)이 벌어지고, 더더군다나 흔히 말씀 드린 대로 가족 간의 기본 관계를 깨트리는 엄청난 일들이 발생 했지 않습니까.

그러니까 이제는 지배 계급들이 자신들의 정당성을 입증할 수 있는 유교 윤리의 명분을 상실하게 돼요. 그러니까 이제는 그 이유도 그렇고, 그 아래는... 일반 백성들에게는 이들이 조선을 다스리는 것에 대한 명분이 상실되게 되는 거죠.

한마디로, 조선사회 도덕성은 약화가 되고요. 당연히 관리들의 사회적 책임이 약화되다 보니까... 가렴주구(苛斂誅求) 같은 것이 발생할 수밖에 없습니다.

그래서 이것을 우리가 충효(忠孝)라든가 단순하게 권력 싸움으로 보는데... 기본적으로는 성리학 체제에 큰 균열을 가져오는 계기가 됐고, 도덕성이 약화되고, 도덕성이 약화된 상태에서 중간 관리 하급 관리들은 사회적 책임... 관리로서의 책임이 약화되다 보니까... 당연히 가렴주구, 조선사의 전체를 통해서 일관된 것은 가렴주구(苛斂誅求) 입니다. 조선이 멸망하는 끝까지도... 특히 당시 구한말의 한국에 있던 서양인들의 기록을 보면요 구한말의 특성은 가렴주구입니다. 아주 적나라한 표현을 써 가면서... 아주 조선 사회가 양반 관료들에서 처참하게 붕괴되고 있는가를 보여주고 있는데... 저는 이 계기를 여기서 찾고 있는 거죠.

그동안은 당쟁(黨爭)... 당쟁... 그랬었는데 당쟁을 야기 시킨 사건이 바로 이것입니다. 다행히 사육신이라든가 생육신 이것은 정책과는 별개의 문제인데요

그러나 한편으로 도덕적으로 사육신과 생육신의 존재가 있음으로 해서 그 이후에, 조선 사회가 도덕적으로 문제가 생기고 또 붕괴되는 과정 속에서도, 이것을 지키고자 하는 사람들에게는 정신적인 틀이 됐다는 겁니다. 의미가 있는 거죠. 그래서 제가 2장에 역사적인 의미를 정했는데요. 충과 효 등의 명분을 중시하는 움직임이 가시화 됐기 때문에... 거기에 전파가 됐다는 겁니다.

그리고 다음 부분의 정신사적 의미. 깊은 기억으로 남아서 제가 오늘 발표의 처음에 말씀 드렸지만... 먼 훗날 500년이 지난 지금 저와

같은 사람에게도 각인이 된 겁니다. 리프린팅이 돼서 우리는 충(忠)과 효(孝) 그리고 의(義)를 체험할 수밖에 없구나. 이런 한국 정신사에서 아주 의미 깊은 기억으로 남게 되고요. 가치관의 기준점을 제시하는 겁니다. 아무리 권력을 지향하고, 토지를 요구하고 아무리 가렴주구가 흔하더라도 기본적으로 가치관은 분명한 겁니다.

그래서 많은 사람들이… 또 그것이 어떤 면에서 이율배반적인 이익을 취하는데요. 적어도 드러난 현상만큼은… 분명히 확실한 가치관의 기준을 정했다는 겁니다. 아무리 가렴주구한 고급 관리들도 사대부들이죠. 그들도 명분상으로는 이런 충과 효에 가치관을 강조할 수밖에 없는 겁니다. 아시겠지만 이런 것 외에 예송 논쟁에 있어서도 분명히 권력 싸움인데도 불구하고, 토지 쟁탈전, 관직 쟁탈전… 불구하고 적어도 명분은 예송이었거든요. 그만큼 이 가치관의 기준점을 제시한다는 것은 의미가 있습니다.

제가 정리를 해 드리는데요. 제가 가장 많이 들었어요. 왓 이프 What if… 그럼 어떻게 해야 될 것인가. 만약에 사육신의 존재가 없었다면 어떻게 됐을까? 그리고 사육신의 존재는 있어야 될까 없어야 될까?

제가 이런 것들을 한번 가정을 해봤어요. 만약에 성리학의 유연한 논리와 변증법 사고... 성리학이 좀 더 출발할 때를 고수한다거나 아니면 긍정적으로 변하는 것 즉 변절 됐던 권력과 연결 되면서 유연한 사고를 갖게 됐으면... 과연 사육신의 이런 존재가 역사에 등장할 수 있었을까 부터 시작해서. 그리고 이런 것들의 의미는 뭔가? 이걸 제가 가정을 해 봤어요. 또 한 가지는 조선 사회는 이상하게도 산업을 발달 시키지 않았습니다. 철저하게 관념적이고 이데올로기 지향적인 사회이 었기 때문에 산업이 발달 되지 않았어요.

그래서 오직 농업을 중심으로 해서 하다 보니까. 당연히... 국가의 부(富)를 창출할 기회가 적어지고요 사회의 부(富)가 증가되지 않아요. 따라서 부(富)를 놓고, 지배 계급과 피지배 계급 간의 갈등이 벌어질 수밖에 없고요. 더 심각한 것은 나름대로 권력을 가지고 있는 흔히 말하는 가진 자 중에서도 상위 계급과 중간 계급 흔히 말해서 신진 사대부와 중간 관리와 그리고 재야에 있던 이런 세력들 간에 갈등이 많이 야기되거든요.

이런 것들이 계속해서... 결국은 싸움이 될 수밖에 없어요. 그래서 만약에 산업이 좀 더 발달하고, 토지를 개량하면서, 말 그대로 공정한 분배와 공유가 가능한 이런 세력이 됐다면 이런 사건이 벌어졌을까? 그리고 사건이 벌어졌다 할지라도... 그렇다면 역사적 존재로써의 사육신은 어떤 평가를 받게 될까 이걸 생각해 봐야 됩니다.

사육신의 존재는... 사실은... 지금도 저는 아무리 강조해도 부담이 없다고 생각해요. 그리고 제가 이 자리에서 논문 발표와 조금 다른 관점에서 말씀 드리면... 시대에 따라서... 상황에 따라서... 공간에 따라서 가치관의 차이가 있어도 인간이 갖는 생물학적 존재로써의 보편적 가치가 있는 겁니다.

그 가치의 내용을 과거 용어가 아니라 현재의 개념으로 충과 효의 핵을 이룬 거거든요. 한 공동체를 유지하고자 하는... 자기 시대... 이게 충(忠)입니다. 효(孝)는 바로 그 기본이 되는 가장 최소면서 중핵 구조인 가족에 대한 것이거든요.

그래서 이런 것들을 만약에 우리가 대대로 좀 확장시키고 보존하면 어떨까 이런 생각을 좀 합니다.

자 이제 제언으로 옵니다.

첫 번째는 세조가 이루었던 정치의 긍정적 측면도 부각 시키자. 그래서 도덕적 평가만 아니라, 나라라는 것은... 역할 기능도 중요하거든요. 그래서 세도 정치의 긍정적 측면을 부각하고... 그러나 그런 시대 속에서 적어도 지켜야 될 이런 명분, 정당성... 이걸 위해서 사육신이 거사를 일으켰고. 그들은 현대인으로 생각할 수 있는 자기희생을 한 거거든요.

그러면 한층 더 이분들의 역할이 부각되지 않을까 싶고요. 이 시대의 개념을 재설정할 필요가 있다고 봤는데... 다행히 질문자가 이런 관점을 가지고 저한테 질문을 했어요.

그랬을 경우에... 이를 테면... 충과 효, 저는 이때 충은 개인적 관점에서는요. 이 당시 충(忠)이라는 것은 근왕(勤王) 정신입니다. 그래서 왕을 지키는... 이런 것이 근왕 정신인데... 이런 것들이 왕조실록에 나오는 구절을 보더라도 사료적으로 드러나요.

그랬을 경우에 충과 효의 기준을 좀 더 다르게 보고... 지금은 당연히... 그들 시대와 다르지만, 그 시대에도 이들이 생각하고 있는 것과 또 다른 충과 효의 개념이 있을 수 있고요.

또 한 가지는 이 사람들에게도 드러나 있는 충과 효의 개념, 자기주장이 있겠지만, 드러나지 않는 정략적 이데올로기로 표현할 수 없는, 또는 표현되지 않는, 충과 효의 개념이 있다고 봅니다. 그랬을 경우에... 그래야지 이 충과 효... 사육신이 추구했던 충과 효가 이 시대에 드러날 수 있는 것이지. 과거의 근왕이라든가 또는 가족 중심에서 또

는 가부장제 라든가 아니면 장자 위주의... 이런 식의 가족 개념을 효
라고 보게 되면 현대 사회에서는 살아날 길이 없어요.

그리고 성리학적 이데올로기도 저는 이런 생각을 해요. 가족을 예를
들더라도... 우리가 일반적으로 드러난 현실을 보게 되면, 철저하게 장
자 중심으로 되어 있잖아요. 그리고 진짜 남존여비 이건 확실해요. 그
런데 이런 생각... 내가 만약에 조선 시대 아버지였을 때, 내 아끼는
딸이 있는데... 어떻게 여자를 그렇게 차별적으로... 사료에 기록된 대로
아니면 유교 윤리대로 볼까. 저는 그렇게만 보지는 않아요.

그래서 역사학자들이 연구한 사료 속에 드러난 결과... 이런 것만 가
지고 평가하게 되면, 설 자리가 없는데... 그렇지 않다면, 충과 효도 특
히 사육신이라든가 사육신들이 가지고 있는 충과 효의 개념도 사료상
이라든가 조선 지배 이데올로기가 아닌... 인간의 보편성에 입거한 충
(忠)과 의(義)의 개념을 찾는다면 그들의 위상이 더 부각될 수 있는 거
죠.

젊은 사람들이 사육신과 충과 효를 이야기하면 그들이 어떻게 수용
을 하겠습니까. 그런데 충과 효의 개념을 다시 설정한다면... 그건 젊은
사람들을 끌어 들일 수가 있는 거죠.

그리고 제가 아까 말씀 드렸잖아요. 충과 효는 성리학적 이데올로기가 아니라 바로 인간의 보편적 가치고요. 성리학의 영향... 또 그 전에 유교의 영향을 받기 전에도, 우리는 굉장히 충(忠)과 효(孝)가 강한 집단이었어요. 고구려도 당연히 충(忠)이었고요. 훨씬 더 강하죠. 효도 마찬가지예요. 그럼 우리는 유교를 통해서 마치 3년 상이라든가. 조상 숭배 신앙이 강한 것으로 알고 있지만 그건 사실과 달라요. 펙트랑... 그래서 적어도 사료의 기록을 놓고 볼 때, 고구려도 초기의 기록들을 보면... 유달리... 유달리... 흔히 말하는 효(孝). 조상에 대한 숭배 신앙이 몹시 강하고... 그들의 충(忠)이라는 것은 말로 할 수가 없는 거죠.

중국의 충(忠) 다종교적 국가로서의 충(忠). 이것과 결사 공동체로서의 고구려의 충(忠)은 격이 다른 거죠. 그럼 이제 젊은 사람들에게 충과 효는 유교적 이데올로기에서 나온 것이 아니라... 원래 우리 민족의 역사적 산물이고 우리 민족의 내재적 성격이라고 말씀 드리고 싶습니다.

그리고 이분들... 사육신 이분들의 희생은 왕이나 지배 계급뿐만 아니라 백성의 이익을 중시하는 입장에서 이런 거사가 있다고 보는 거죠.

근대의 가치관은 이 충과 효에서 있어서... 세조라든가 세조 일당을 그대로 존속 시키려면 말 그대로 백성들의 이익도 훨씬 심각해진다고 보는 것이죠. 한 사회를 주도하는 건전한 이데올로기가... 로직이 깨지고 어지럽게 되는데... 어떻게 사회가 제대로 굴러갈 수가 있겠습니까. 특히 가장 힘이 없는 백성들의 삶은 파괴되기 마련이죠. 그래서 적어도 사료에는 나와 있지 않지만, 우리는 읽어야 돼요. 읽어서 사육신의 의미를 보다 더 부각시킬 필요가 있습니다.

그리고 가문이나 특히 족보 중심이 아니라, 백성 중심의 사회였단 것을 찾기를 바라는 제안을 하면서 오늘 저의 발표를 마치겠습니다.

고맙습니다.

[토론1]

사육신이 정치사적 의미와 가치에 관하여

윤영용   윤 교수님 설명 중에... 참 인상 깊었던 부분이, 방금 두세 군데가 있는데.. 그 중에 핵심은 이거예요. 굉장히 빠른 시간 내에 정변이 일어났고, 빠른 시간 내에 처리 됐고, 그냥 우리는 사육신 그러면, 일반적으로 세조 수양대군에 저항을 해서, 조금 일어났다... 근데 조금이 전혀 아니라는 시각을 주셨어요.

윤명철   자연스러운... 단순 정변으로 보는 것. 그건 아니라는 것이죠.

윤영용   그런데 제가 이 사육신에 대해 조사를 해 보면서 한 가지 느꼈던 것은, 이것은 조선의 군(軍)... 다시 말하면, 조선 군대의 근간(根幹)이 움직여요.

윤명철   그렇죠.

윤영용   그 지역이 어디냐면 함길도에요. 바로 이성계 군의 본거지. 조선 왕조의 군사 본거지였던 함길도가 계속 등장해요. 특히 백초 김문기 선생 같은 경우에는, 이 당시에 함길도절제사로 임명 받아서 움직였었어요. 그 다음에 아까 말씀 하셨던, 이 징옥의 난도 함길도에서 일어났기 때문에, 비상이 걸린 거예요 왜냐하면, 그 함길도 군대를 통해 가지고... 위화도 회군을 해서, 조선을 세웠거든요. 그러니까 함길도 사람들이 갖고 있는, 함길도 군 사병들이 갖고 있는 힘을 알고 있어요. 그래서 굉장히 중요하게 여기고. 그 군사적 요충지에... 김문기라고 하는 사람이 함길도절제사를 했고, 이징옥의 난을 징벌하러 갔다가, 그 사건 기간에 있었고, 또 김문기라는 분이 함길도절제사 이후에 세조가 공조판서 겸 삼군도진무를 시켜요. 삼군도진무가 한사람은 아니지만, 왕 옆에서 항상 있는 오늘날로 치면, 합참의장 그러니까. 전 군(軍)의 작전 총 책임자로 군사를 움직이는 사람이... 누구냐면 김문기 선생이에요. 그런데 김문기 선생이 반 세조에 단종 복위 운동에 등장하는 핵심인데... 말씀하신 대로, 다른 게 아니라 군사가 움직이는 거예요. 그래서 실제로 기록에도 보면, 조선왕조실록에서, 성삼문, 박팽년 등에게 "너희는". 뭐 이런 식으로 해설이 되어 있는데... "우리 같이 도모하되..." 김문기는 근데 무관은 아닙니다. 문관인데 군 작전을 총괄한 것이니까 .

윤명철   조선시대에는 다 문관이 주도했을 겁니다.

윤영용   문관 중에 무관들을 지휘하는 자리를 겸직하는 그게 제일 권위자거든요. 그러니까 김문기 선생이 말하길 "내가 밖에 병사를 거느리고 있으니..." 무슨 얘기냐면 모든 것 즉 군사를 움직일 수 있는 명령권을 김문기 선생이 갖고 있는 거예요. 이러한 군권은 그 전에... 세조가 없앤 사람 중에 김종서 장군이 있었어요. 조선 군대의 뿌리인 함길도를 장악했던 김종서를 없애고, 그다음 세워 놓은 것이 세조 때, 김문기인데... 김문기마저 여기에 참여 했으니까. 군사적으로 치면, 대단한 위기였던 것입니다. 거꾸로 사육신이 그냥 단순하게 유신(儒臣) 몇이서 움직인 것이 아니라 조선의 뿌리, 군대의 뿌리가 움직였구나. 이걸 알 수가 있죠.

윤명철   사건 중에 제일 중요한 사건이에요

윤영용   그래서 그런 부분들에 대해서 강조한 사람들이 없었는데... 그래서 제가 깜짝 놀랐어요. 우리 윤명철 교수님이 그걸 꺼내시면서... 이게, 사육신 사건이 그냥 그런 게 아니다. '조선은 성리학이 기반이다.'라고 하셨습니다. 고려 무신정권. 무도(無道)라고 했잖아요. '도가 없다.' 흔히 말하는 문란하고, 무법천지. 힘이 권력인... 이런 고려 말을 정리할 수 있었던 명분이 바로 성리학이었습니다.

윤명철　그렇죠.

윤영용　그때, 조선왕조 설립 때, 한 큰 사건이 나와요. 고려 말, 정몽주 피살 사건 이후, 조선을 세워서 명분을 기가 막히게 만들었던 게... 바로 세종이거든요. 그래서 세종 때에 와서는 집현전을 통해 충효, 삼강행실도부터 해서 많은 것들... 대국민 홍보용을 준비 했죠. 이것을 일거에 붕괴한 것이 수양대군의 계유정난인데... 이것의 반대적으로 일어난 게, 단종 복위 사건입니다. 사육신은 그래서, 아까 말씀 하신대로 조선의 유지 명분을 위한... 조선 초에서부터 후반 끝에 까지 이끌어간 힘 =명분이었거든요. 근데 사육신을 조선의 시작이자 끝까지 이끌었던 명분, 뿌리 사건으로 본 분은... 제가 생각할 때, 오늘 윤명철 교수님께서 거의 처음으로, 발제해 주시지 않았나 생각합니다. 그러니까 사육신은 단순하게 반정으로 보는 것이 아니라, 조선이라고 하는 6백년 전통에 적어도, 5백50년 가까이를 이끌어온 힘, 조선의 명분이다.

윤명철　국가라는 것은 적어도 존립의 명분을 늘 염두에 두니까...

윤영용　그것이, 무도(無道)한 고려 말을 극복하고, '우리 조선은 성리학적 명분으로 다스린다.' 그렇게 했던 명분을... 사실은 수양대군이, 아버지인, 세종이라고 하는 거대한 대왕이 만들어 놓은 것을, 흩뜨려 버려 가지고, 휘청하게 했던 것. 이것, 흔히 이런 명분을 딱 가지고, 목숨을 다 걸고, 전 가족과 가문이 망하는... 그런 걸 다 겪으면서 조선 전체를 관통해 이끌어 왔다. 이겁니다. 그래서 제가 생각할 때, 최근에 조선 건국의 정당성에 이어서, 현재 한국 사회로까지 이어지는, 아까 교수님께서 말씀 하셨던, 유교의 인의예지신(仁義禮智信)을 강조해서, 가치관 중심인 유교(儒敎) 이전에 우리 민족이 갖고 있었던 충(忠)과 효(孝)의 의미들이 강하게 개진(改進) 할 때가 되지 않았나. 생각합니다. 나아가 지금, 남북한, 그 다음에 남북한을 넘어서. 이제까지는 우리가 따라가는... 선진국을 따라가던 시대에서 다른 나라들을 좀 리드 하는 시대, 앞장서서 이끌어 갈 수 있는 시대를 만들려면... 적어도 이런 가치 하나는, 명분 하나는 가져야 되지 않을까. 그래서 교수님 말씀대로... 오늘날에 와서도 이런, 정치 경제 사회 문화 발전에 사육신이 큰 도움이 된다. 크게 발전했으면 좋겠다. 이런 의견이 강하신데...

윤명철   저는 뭐... 윤 선생님 의견에 전적으로 동의합니다. 그리고 제가 누차 말씀드렸지만... 이 충(忠)을 현대적 개념으로 조금만 더 재해석 하면, 이 시대 가장 필요한 것 중의 하나가 그 것,

충효문제잖아요. 근대 산업 사회에서 가장 직면한 문제 중의 하나가 내부적으로는 가정의 붕괴 그리고 바깥으로는 환경의 제약. 이런 것들은 결국은 하나의 가족이라든가 공동체 자체가 붕괴되고 깨져 나가는 것인데... 효(孝)라는 것도 우리는 꼭 부모 자식 간으로 볼 필요는 없어요. 지구 가족이라는 말이 있듯이, 우리 가장 소규모 핵가족부터 시작해서, 전체를, 하나의 가족, 지구인, 지구 시민(市民)이라는 단어가 나온 지 오래 됐잖아요. 저는 그래서 여기서 당시 조선의 충효(忠孝). 아니면 사육신이 자기들만의 조상문제가 아니죠. 아까 말씀하셨지만 조선 사회에서 참혹하게...

윤영용　참혹했죠. 말도 할 수 없을 정도였어요.

윤명철　이렇게, 우리가 삼족(三族)을 멸한다고 했었는데... 정말 엄청난 사건이 벌어졌거든요. 그걸 다 불구하고, 지키고자 했던 충과 효라는 것은 현재 한국 사회에 굉장히 의미가 있고요. 저 개인적으로는 현재 인류 문명의 문제까지 거론 하면서 나름대로 발표를 했습니다. 그리고 일주일 전에도 문명학회에서 발표한 것이 인류, 다음은 우리가 지켜야 하는데... 그 용어를 나는 Non-civilization 비문명론이라고 했어요. 지금 제가 정한 이런 것들은 바로 이런 부분과 직결이 됩니다. 그래서 이제는 충의(忠義)에 대한 재해석, 포괄적인 해석, 즉 공동체에 관한 존재 의지, 그 본능이 충의(忠義)입니다. 한때는 단절 됐지만, 인간의 보편성을 볼 때, 이것이 맞는 거죠. 효(孝)는 생물학적 특성이에요. 생물학적 특성이 붕괴되고 있고, 이것이 마치, 현대 문명의 특정체로 오해되고 있는데... 여러분들이 아시는 것처럼, 현대에서는 물질적으로는 풍부했지만 정신적으로 황폐해 지고 있습니다. 가족이 붕괴가 되고 있어요. 인간이 흔히 이야기하는 보편적 행복을 상실해 가고 있는 것입니다. 그런 의미에서 효(孝)를 강조해야 되는데... 과거의 효 개념으로 이야기하면, 젊은 사람들은 전혀 듣지 않을 뿐만 아니라, 새로운 문명에서 처지는 것으로 아는데... 그렇지 않다는 것을 얘기하고, 만약에 이 사육신을 통해서, 뭔가 하고자 한다면, 충과 효의 개념과 의미 개념을 현대에 맞게끔 재해석하는 작업들을 하셔야 돼요. 그래서 저는 전적으로 얘기합니다. 한국 사람들이 굉장히 총명해요.

윤영용   예. 맞습니다.

윤명철   이것은 자의적인 판단이 아니라, 그 당시 외국인들의 기록을 보더라도 조선 사람들이 가장 총명하고 특별하다고 이야기하고 있는데... 그리고 제가 말씀 드렸지만, 역사가로서, 고대사

전공자로서 말씀 드리는 게... 우리 가족 중심적인 사고는 유교 이전의 문제예요. 역사적인 자료가 남아 있잖아요. 우리가 이런 것들을 발전시키게 되면, 훨씬 더 응집력이 강해져서, 주변국과 협조하면서 발전할 수가 있죠. 이런 것들이... 저는 그래서 사육신 문제를 가둬만 놓지 말고, 제가 마지막 7장에서 제안했잖아요. 거기서 보듯이 개방적으로 해석을 하면 어떨까 싶습니다!

윤영용   그건 전적으로 동의합니다. 특히 우리가 지금 말씀하신 대로 우리 사회에서 전반적인 문제들에 대해서 면밀하게 들여다 볼 수 있는 좋은 역사적 사료예요. 다행히 조선왕조실록이라는 아주 훌륭한 기록 유산이 남아 있거든요. 그 다음에 추강집... 육신전이나 이런 자료들이 있고, 가문들이 있어요. 족보가 있고... 이런 과정 속에서 뭘 찾을 수 있냐면, 다른데서 볼 수 없는 기록적 자산을 가지고, 미래에 대한 여러 가지 가치관을 검토하거나 찾아볼 수가 있다는 것이죠. 예를 들어서 아까 말씀 하셨지만, 너무나 처참하게 당했거든요. 그러니까 그 가족들, 여자들은 관노로 노예가 되거나 공신들에게 나눠주죠. 노예로 전부다... 그렇게 여러 가지들이 기록에 나타나요. 특히 여성 문제, 남존여비에 대한 문제도 등장하죠. 그 긴 세월동안 가문들이 당했던... 도망 다니던 이야기가 있어요. 대표적인 게 남효온의 추강집은 그것에 대한 반응으로 역성혁명까지 다룬 내용으로 나오거든요. 마치 홍길동전처럼. 그러니까 조선왕조실록을 보면, 이는 삼국지처럼 정사이고. 나관중의 삼국지연의와 같은 것이... 남효온의 추강집 육신전인데... 이런 걸 보면, 보다 다양하게 쳐다볼 수 있는 근거가 있다고 생각합니다. 그런데 이것을 우리 사회에서는 사육신을 '그냥 지나가는 것이 아니야.' 지금 오히려 더 꺼내서, 더 새롭게 살펴보아야 될 많은 내용들이 있다고 저는 그렇게 보고, 그런 점에서 윤명철 교수님이 발제 해주신 말씀에 대해서는 대단히 동감하고 감동했습니다.

윤명철   고맙습니다.

윤영용   혹시 다른 질문 있으시면...

주성숙   저도 충의 정신... 사육신 문제를 많이 들었지만, 이걸 다시 돌아볼 수 있는 계기들이 없었는데... 역사적으로 재해석해서 콘텐츠화를 시키고 발전 시켜야 된다는 것에 동의 합니다.

윤명철   주선생님께 ... 그런데 제가 한 가지 말씀드리면요. 지금 영상 제작업에 종사하고 계시잖아요. 저한테 감동을 준 영화가 몇 가지 있습니다. '대장브리바'로 유목민의 감정을 알았어요. '러브십'을 통해서 해양을 하고 있어요. 그 다음, '스파르타쿠스'를 통해서 자유를 알았어요. 그리고 '브레인하트'를 통해서 프리를... 자유를 좀 알았거든요. 마지막에 '프리덤' 나오잖아요. 그런데 제가 보면 그런 거라든가, '애냐'가 부른 이런 노래 같은 것을 보면, 그것은 역사물 콘텐츠인데요. 제가 객관적으로 볼 때 우리에겐 이런 콘텐츠가 참 적어요. 그런데 우리 역사 속에는 그보다 더한 좋은 이야기들이 너무나 많은데... 사육신 문제만 해도 이런 것은 더군다나... 600년 가까이 한 국가의 정당성 명분이... 이런 것이... 지구상에 몇 건이나 있겠어요. 거의 없죠. 이런 것들을 우리나라의 문화 예술인들이 많이 다뤄 주셔야 합니다.

평판관리
"사육신, 평판관리가 필요성"

박흥식 언론학 박사
고려대학교 언론대학원 초빙교수
방송위원회 평가심의국장
평판커뮤니케이션 연구소장 (현)

주제발표2
평판관리
"사육신, 평판관리 필요성"

평판의 힘은 나날이 강력해지고 있다. 평판은 과거와 현재 언제나 중요하게 여겨져 왔다. 평판은 미래 세상에서도 한 단계 더 나아가 우리의 기회와 선택에 엄청난 영향을 끼치게 될 것이다.

그 이유는 무엇인가? 지금의 세상은 무한한 데이터와 개인정보를 1 테라바이트 디스크드라이브 하나에 저장할 수 있으며 전 세계 어디서나 공유되고 퍼 나를 수 있게 되었다.

이제 디지털 데이터의 모든 정보는 수집되고 저장된다. 새로운 디지털 빅 데이터 시대는 막대한 데이터를 분석해, 결과를 예측하고, 행동하고 실천하는 새로운 시스템인 '거대분석'에 의존한다.

당신의 이름 하나만으로 나이, 거주 지역, 지나간 커리어 기록과 최근의 활동까지 한눈에 확인 할 수 있다. 디지털 기술의 발전으로 당신의 평판은 광범위하게 퍼져 있어 어디서든 손쉽게 접할 수 있고, 영원토록 사라지지 않을 것이다.

만일 당신이 가는 곳마다 다이어트 광고가 따라 다닌다면, 당신이 다이어트 광고 배너를 클릭했기 때문이다. 유튜브 검색창을 켜면 당신이 좋아하는 영화목록이 뜨고 무슨 책을 읽어야 할지 안내한다. 당신이 온라인에 검색한 정보들은 고스란히 거대 빅데이터 분석에 노출되고, 당신의 정보를 검색해 새로운 라이프 스타일을 안내 할 것이다.

과거 아날로그 세계에서는 당신이 다이어트 상품에 관심이 있다는 걸 오직 광고 회사만이 알고 있었다. 그러나 빅데이터 디지털 세상에서는 수 많은 회사들, 심지어 개인들 까지도 당신의 정보를 접하게 된다.

당신이 뿌린 정보는 이제 당신이 누구인지, 그동안 무엇을 했는지를 판단하고 당신에 대한 그림을 그린다. 또한 당신의 신용 점수를 매기고 판단한다.

평판은 이제 당신에게 누가 말을 걸지, 그들이 당신과 함께 또는 당신을 위해 무엇을 할지를 결정한다. 평판은 또 은행이 당신에게 주택 담보대출을 해줄지 결정하고, 기업은 당신을 고용할지를 결정하며, 당신이 알 수 없는 누군가의 관심을 끌어 데이트를 할 수 있을지 없을지 까지도 결정한다. 정부 기관은 당신이 선량한 시민인지, 세금 체납자 혹은 범죄 용의자로 볼 것인지 판단할 것이다.

얼마 전까지만 해도 우리의 평판은 가까운 사람들 사이에서 서서히 형성됐고, 시간이 지나면 자연스럽게 소멸됐다. 대부분의 사람들은 비교적 한정된 인맥 내에서만 살아갔으며, 평판은 오로지 가까운 사람들의 기억 속에만 존재하는 것이었다.

하지만 첨단 디지털 기술이 만연한 요즘에는 당신의 네트워크도 한없이 넓어졌으며 6단계만 연결하면 지구상의 어느 누구와도 연결될 수 있게 되었다.

<평판 경제>의 저자 마이클 퍼틱은 그의 저서에서 우리의 디지털 경제 세계의 미래를 예견하고 진단한다.

"머지않아 기업들은 방대한 양의 수집데이터를 통해 알아챈 한 개인의 업무능력과 경제력, 건강에 이르기까지 거의 모든 것에 관한 평판을 참고해 평판점수(신용평가회사의 신용점수와 비슷한 평가방식)

를 내기게 될 것이다. 인터넷 검색 엔진으로 정보를 검색 하듯이'평판 엔진'을 사용해 당신의 디지털 흔적을 검색하고 온라인은 물론 오프라인에서의 활동과 상호작용에 대한 자료를 확보 할 것이다."라고 주장한다.

현대의 신용점수는 앞으로 우리가 평판경제에서 접하게 될 평판 점수의 원시적인 버전에 불과하다. 신용점수가 구식 유선 전화기라면 평판점수는 최신형 아이폰이다. 당신이 좋든 싫든 이는 곧 실현될 미래이다.

그 점수는 사람들이 당신과 관련하여 중요한 결정을 내릴 때 사용하는 참고자료가 될 것이다. 당신이 취직을 할 수 있을 것인가, 보험료를 받을 것인가, 마음에 드는 상대와 데이트를 할 수 있을 것인가가 모두 그 점수에 달려 있다.

디지털 혁명 이후 우리 삶의 변화

많은 부분이 변했다. 기업의 생존을 위한 마케팅 전략에도 많은 변화가 필요하다. 특히 기업의 평판관리 관점에서 플랫폼과 마케팅 전략에는 어떤 변화가 있었을까. 우리가 이 거대한 시대의 흐름에 어떻게

58

대처해야 하는지를 모색할 때다. 기업과 브랜드의 평판관리를 미디어와 디지털마케팅 관점에서 바라보고, 어떻게 활용할지를 생각해 보자.

비즈니스 세계에서 소셜네트워크의 힘을 활용하는 방법!

최근 수많은 네트워크 도구가 등장하면서 온라인 커뮤니티는 더욱 더 활성화되고 있다. 페이스북, 트위터, 블로그 등 끊임없이 등장하는 소셜네트워크 도구를 활용해, 커뮤니티의 종류와 규모도 개인적인 활동에서 사회적 공동체의 결속에 이르기까지 그 정도를 헤아릴 수 없이 다양해지고 거대해졌다.

사람들은 세대와 국경을 넘어 이 커뮤니티를 통해 자신을 알리고 타인을 만날 뿐 아니라, 공동체를 이루어 사회적 영향력을 키우고, 자신과 세계를 변화시켜 나가고 있다.

비즈니스 역시 마찬가지다. 기업은 기존의 제한된 마케팅 전략을 벗어나 인터넷을 통한 광범위한 홍보와 이미지 구축에 힘쓰고, 소비자들도 인터넷에서 만난 전 세계의 지인들과의 대화를 통해 상품을 판단하고 구매한다.

그렇다면 이와 같은 시대에서 사회적 자본가로 성공하는 방법, 다시 말해 평판을 많이 쌓을 수 있는 방법은 무엇일까?

답은 간단하다. 소셜네트워크상에서 사람들과 관계를 형성하고, 그들의 공감을 구축해 명성을 얻고 신뢰를 높이는 것이다. 하지만 이때 자신과 상품, 회사를 알리는 것이 우선시되어서는 안 된다. 이제까지의 마케팅 방향을 바꿔 다른 사람들의 소리를 먼저 듣고, 그들과 꾸준히 대화하며, 스스로 변화하는 모습을 보여야만 소셜네트워크상에서 평판을 쌓을 수 있다.

디지털 미디어 평판관리 커뮤니케이션 전략
플랫폼 전략, 시장의 판을 (디지털 미디어로) 다시 짜라

기업 경영자나 마케터들의 고민은 과거나 현재가 한결같다. 어떻게 하면 기업의 브랜드에 대해 이미지를 좋게 하고 인지도를 높이며 고객 충성도를 지속할까 하는 것이다..

광고와 피알은 이제 기업이미지와 브랜드에 대해 새로운 것을 친숙하게, 친숙한 것을 더욱 새롭게 보이는 것에 두고 시행되어야 한다.

오늘날 비즈니스를 움직이는 주인공은 그저 물건을 사기만 하는 '소비자'가 아니라, 디지털 매체를 통해 기업과 적극적으로 교류하는 '사용자'이고 '생활자'이다. 스마트 기술의 발달로 개개인이 곧 하나의 미디어가 된 지금. 기업이 더 이상 정보를 통제할 수 없는 환경에서 브랜드 전략도 다시 새롭게 짜야 한다...

잘 팔리던 제품이 하루아침에 불량품으로 낙인찍혀 재고품이 되고, 이름 없던 기업이 하룻밤 새 유명 기업이 되어 세상을 떠들썩하게 할 수 있다. 인터넷 세상에서는 충분히 가능한 이야기다. 부정적인 댓글 하나를 대수롭지 않게 넘겼다가 수십, 수백 배의 손해를 입은 기업 이야기는 이제 더 이상 남의 이야기가 아니다. 소셜 평판 관리, 이제는 적극적으로 나서야 할 때이다.

평판을 파는 시대, 소셜 네트워크에 답이 있다
클릭 한 번에 개인과 이미지가 달라진다!

2007년, 하나의 동영상이 유튜브에 올라왔다. 미국 뉴욕의 한 KFC와 타코벨 매장 안을 돌아다니는 쥐떼들을 찍은 동영상이었다. 사람들은 경악했고, 12시간도 채 안 되어 이 동영상은 전 세계에 퍼져나갔다. 뒤늦게 KFC, 피자헛, 타코벨 브랜드로 세계 각지에 가맹점을 둔 얌브랜드(Yum! Brands)가 사고 수습에 나섰지만, 이미 기업 이미지는 땅에 떨어졌고 주가는 연일 곤두박질쳤다. 그 매장은 문을 닫았지만 아직도 유튜브엔 그때 그 문제의 동영상이 떠돌아다니고 있다. 한

번 만들어진 소셜 평판은 사라지지 않는다.

얼마 전 저가 항공사로 잘 알려진 에어항공사가 창립 10주년 기념 이벤트를 진행했다. 에어항공사는 10센, 우리 돈 36원짜리 초저가 항공권을 판매한다고 대대적으로 홍보했다. 이에 많은 사람들이 홈페이지에 접속했고, 그 바람에 이벤트 첫날부터 서버가 마비되는 소동까지 벌어졌다. 회사 브랜드를 알리는 데는 어느 정도 성공한 듯 보였지만, 문제는 그 다음이었다. 이벤트 당첨자가 있긴 하냐는 사람들의 의문에 에어항공사는 침묵으로 대응했다. 사람들은 '이건 사기다', '기분 나쁘게 낚였다', '처음부터 홍보 수단이었다.' 등의 댓글을 남겼다. 홍보의 목적은 이루었지만 기업 평판은 오히려 나빠진 사례이다.

지난 2008년 미국 대통령 선거는 오바마의 승리로 막을 내렸다. 미국 최초의 흑인 대통령, 오바마. 2007년 그가 대통령 선거에 출마할 때만 해도 그의 승리를 점치는 사람은 거의 없었다. 힐러리 클린턴이라는 높은 벽을 뛰어넘어 과연 민주당 대선 후보로 지명될 수 있을지조차 의문이었다. 하지만 그는 힐러리를 넘어 존 매케인까지 누르고 미국 제44대 대통령으로 취임했다. 그의 승리 뒤에는 '마이보(마이 버락 오바마 닷컴)'라는 든든한 선거 지원 사이트가 있었다. 소셜 웹을 활용한 선거 운동은 20~30대 젊은 층의 관심을 불러일으켰다.

또한 오바마는 소셜 네트워크와 소셜 미디어를 적극 활용했는데, 이곳에서 그는 선거 자금을 모금하고, 공약을 전달하고, 악성 루머나 유언비어에 대해 해명했다. 선거 유세가 끝나갈 무렵 그의 페이스북에는 380만 명, 마이페이스에는 100만 명, 트위터에는 16만5천 명, 블랙플래닛에는 49만 명 그리고 유튜브에는 15만 명의 후원자와 팔로워, 구독자가 있었다. 소셜 평판이 선거에 큰 영향을 미칠 수 있음을 보여주는 사례이다.

오랜 시간 공들여 쌓아올린 평판이 '클릭' 한 번에 무너지는 이유는?
PR담당자가 하루 종일 트위터, 유튜브만 들여다보고 있는 이유는?

평판(Reputation, 評判), 한마디로 '세상 사람들의 비평'이다. 가족이나 친구, 동료들이 나를 어떻게 생각하는지, 고객들이 우리 회사를 어떻게 말하는지 알고 싶을 때 우리는 '평판'을 조사한다. 대개는 나를 아는 사람, 또 우리 회사 제품이나 서비스를 이용해 본 고객이 조사의 대상이 된다. 그런데 소셜 세상에서는 나와 관련 없는 사람도, 우리 회사와 연관 지을 게 없는 사람도 나와 기업의 평판을 만드는 주체가 될 수 있다. 그들의 댓글 하나가, 그들의 동영상 하나가 엄청난 결과를 몰고 올 수 있는 것이다.

상황이 이렇다보니 최근 미국에는 대가를 받고 고객들의 인터넷 평판을 보호, 관리해 주는 업체까지 생겨났다. 딜리트미, 리퓨테이션닷컴 같은 이들 업체는 소셜 네트워크나 소셜 미디어에 있는 개인과 기업의 부정적인 내용을 확인해서 수정해 주는 한편, 구글이나 야후 같은 사이트에서 좋은 내용이 검색될 수 있도록 돕기도 한다.

SNS, 트위터, 블로그, 유튜브, 인터넷방송 등은 우리 가까이 있다. 언제 어디서 그들의 평판이 쏟아질지 모른다. 개인도, 기업도 소셜 평판에서 완전히 자유로울 수 없다면, 차라리 나와 기업에 유리하게 활용하는 방법을 모색해야 하지 않을까?

한국 역사 속의 노이즈마케팅, 사육신 논쟁

이런 의미에서 사육신에 대한 깊은 고찰이 필요하다. 오랜 세월 사육신은 노이즈 마케팅을 통해 한국의 충의(忠義) 정신의 상징과 같은 이미지를 구축해왔다.

노이즈 마케팅(한국어식 영어 : noise marketing)은 상품의 홍보를 위해 고의적으로 각종 이슈를 만들어 소비자의 호기심을 불러일으키는 마케팅기법으로 특히 단기간에 최대한 인지도를 높이기 위한 경우에 쓰인다. (위키백과)

주로 좋은 내용보다는 자극적이고 좋지 않은 내용의 구설수를 퍼뜨려 소비자의 입에 오르내리게 한다. 비록 부정적인 이미지로 굳혀질 수 있는 위험이 있지만, 반대로 매출은 올라간다는 결과가 있다. 이미지와는 별개로 노이즈 마케팅으로 인해 머릿속에 인식되어 구매로 이어지는 경우가 많다. 최근에는 인터넷이 크게 발달함에 따라 노이즈 마케팅의 중요한 도구로 사용되고 있다. (위키백과)

노량진 앞 한강을 바라보는 작은 언덕 사육신 공원에는 한국 아니 조선을 이어온 논쟁, 즉 노이즈마케팅의 역사적 패턴을 보이는 사육신 이야기가 있다. 그 얼마나 많은 생사, 충신들이 있었건만 사육신은 그 처절한 사연만큼 육신(六臣)에 대한 5+2분의 치열한 논쟁들이 있었다. 정사와 야사. 그리고 오랜 충신 논쟁. 그 덕분인가. 사육신은 이제 한국인의 충의(忠義) 정신의 상징이 되었다.

역사문화 콘텐츠에서도 평판 관리가 필요하다.

최근, 기업들은 이제 자사의 브랜드를 관리할 능력을 상실하면서, 새로운 관리 패턴을 연구해야했다. 기껏해야 해당 브랜드가 자신들에게 의미하는 바를 토론하거나 구체화하거나 세련되게 다듬는 구성원들이 모인 커뮤니티에 영향력을 행사할 수 있을 뿐이다. 마케팅 담당사와 기업의 임원들은 이들의 대화를 활용해 놀랍도록 값지고 오래 지속되는 유대 관계를 형성할 수도 있고, 아니면 이 커뮤니티가 제멋대로 굴러가도록 내버려둘 수도 있다.

소셜 네트워크와 블로그, 트위터가 복잡하게 뒤얽힌 세상에서 기업의 생존 여부는 온라인에서 좋은 평판을 얻을 수 있느냐, 없느냐에 달렸다

혼다, 토요타, 르노-닛산 등은 평판 자산에 대해 많은 것을 알고 있는 기업이다. '평판 자산'이란 여러분이 실수를 저지르는 경우, 여러분이나 여러분의 사업을 깎아내리기 위해 누군가가 노리는 해이해진 부분이다.

한국 충의(忠義) 정신의 상징, 사육신(死六臣)은 이제 노이즈마케팅의 위기를 넘어 새로운 기회를 찾아야 한다. 한순간 5+2 가문만의 이전투구(泥田鬪狗)와 아전인수격 자기 가문들만의 사육신(死六臣) 논쟁은 기득권 안주라는 위기를 부여한다.

한국의 충의(忠義) 정신이라는 상징적 위상은 그 어떤 가치보다도 위대한 가문의 영광이요. 또한 대한민국 역사문화정신적 가치를 가진 보람이 아닐 수 없다. 그러나 이러한 상징적 위상을 위해 이전투구 아

전인수격 싸움판으로 비춰진다면? 그것은 일시에 추락할 수 있는 위기가 된다. 이제 사육신은 여섯 분이든 일곱 분이든, 귀하고 귀한 충의(忠義) 정신을 드러내는 우리의 역사문화정신을 드러내는 스토리가 되어야 한다.

평판 자산이 클수록 힘든 순간이 다가와도 무너지지 않고 스스로를 긴장시킬 수 있다. 반대로 평판 자산이 적을수록 중대한 실수를 저질렀을 때 맹비난을 받을 확률이 높다. 그리고 조직은 사람들로 구성되므로 우리는 어느 순간엔가 불가피하게 실수를 저지르게 마련이다. 그런데 평판도 자산이라면 그것의 가치는 얼마나 될까? 여러분이 운영하는 사업 전체가 신용에 의존하고 있다면 그 회사 전체만큼의 값어치가 있을 것이다.

사육신 또한 그러하다. 가문의 위상과 욕심은 한순간 전체 사육신(死六臣) 위상의 추락을 의미한다. 정사(正史)든 야사(野史)든 사육신에 이름을 올리신 일곱 분의 명망이 어디 갈 것인가. 여섯 분과 일곱 분 논쟁이 가져다준 노이즈마케팅은 다툼이 아니라, 로미오와 줄리엣 가문의 다툼이 아름다운 세익스피어의 러브스토리가 되었듯 더 나아진 논조(정사–야사, 삼국지와 삼국지연의)로 다양하게 조망할 수 있는 콘텐츠로 더 성장, 발전시켜야 한다. 이런 의미에서 오늘날의 사육신 현창은 더 나아가야 한다. 더 드러내야 한다.

과거에는 불가능했던 방식, 평판관리

불가능하다고 여기던 방식으로 한순간에 '이것이 바로 대표하는 것'이라고 말할 수 있게 되었다. 블로그, 페이스북, 링크드인, 마이스페이스 같은 웹 사이트, 유튜브나 플리커에 올린 동영상, 트위터 그리고 직접 개설한 웹 사이트 등을 통해 이런 일을 할 수 있다. 다른 디지털 이웃을 방문해 자기소개를 하고 커뮤니티 활동에 참여하는 것도 물론 가능하다. 이런 활동을 많이 할수록 평판 자산이 많이 쌓인다.

평판이 중요한 이유는 현대인들이 무수히 많은 선택권을 가지고 있기 때문이다. 커피를 한 잔 마시고 싶을 때에도 모빌 마트, 스타벅스, 던킨도넛, 맥도날드, 그 외 동네 찻집들 중에서 원하는 곳을 골라 갈 수 있다. 인터넷에서도 마찬가지다. 와이셔츠를 한 장 사고 싶은 경우 오버스톡, L. L. 빈, 브룩스브라더스, 베스트커스텀셔츠 외에도 선택 가능한 사이트가 무수히 많다. 구글에서 '와이셔츠 구입'을 검색하면 거의 2,500개 가까운 검색 결과가 나온다. 이 가운데 과연 어디로 갈 것인가?

기업은 이해관계자들의 입에 오르내리기를 원하는 주제, 제품, 사안에 관해 건설적인 대화가 지속될 수 있도록 해야 하는데, 이런 일을 담당하는 사람을 '디지털 평판 관리자'라고 한다. 석유 회사 직원이라면 에너지 정책에 관한 대화가 오가기를 원할 것이고, 제약 회사 직원이라면 의료 문제를 논의하고 싶을 것이다. 이렇게 논의 내용을 모니터링하고 시기적절한 댓글을 달 수 있는 책임과 시간, 정보, 권한, 자원을 가진 사람이 바로 디지털 평판관리자다.

디지털 평판 관리자는 회사의 최대 이익을 항상 염두에 두면서도 모든 대화에서 투명한 모습을 보여야 한다. 예를 들어, 유명 기업에서 IR(기업 설명 활동) 부문 책임자로 일하는 친구(평판관리자)가 한 명 있는데, 서브프라임 신용 위기가 커지면서 그의 회사가 뉴스에 자주 등장하게 되었다.

이 문제와 관련된 일들은 말할 수 없이 복잡했다. 그 미묘한 차이를 제대로 이해하는 기자는 거의 없었고, 사안을 명확하게 설명할 수 있는 공간과 시간을 가진 사람은 더 적었다. 그 결과 수많은 뉴스 보도와 블로그, 댓글들이 한쪽으로 치우친 부정확한 시각만을 전달하게 되었다. 우연이건 아니건 간에, 기자들이 이 회사의 평판을 진창에 처박은 것이다.

그 친구는 온라인과 오프라인 미디어를 항상 모니터링하면서 자기 회사가 언급되지는 않았는지 살폈다. 그는 부정확한 댓글을 발견할 때마다 즉시 조심스러우면서도 명확하게 사실만을 전하는 정확한 댓글을 날았고, 이 내용을 영향력 있는 증권사 애널리스트, 펀드 매니저, 기타 핵심 인물들에게 메일을 보냈다.

그가 미디어 통로나 블로그가 아닌, 투자 커뮤니티에 직접 자신의 입장을 주장했다는 사실에 주목하자. 그의 글을 받아본 사람들은 그를 신뢰했기 때문에(그는 오랜 기간에 걸쳐 긍정적인 평판을 쌓아왔다) 그의 분석을 믿었고, 그 덕에 그는 자기 회사의 평판과 주가에 미치는 피해를 최소화할 수 있었다.

콘텐츠로써 평판관리가 필요한 사육신(死六臣)

이제 모두들 손에 쥐고 있는 스마트폰으로 디지털 영상을 제작할 수 있게 되었다. 촬영도 스마트폰으로 하고 좀 더 전문적이라면 DSLR 카메라처럼 찍을 수 있는 촬영 앱도 나왔다. 그리고 아주 쉽게 편집과 녹음, 최종 영상을 만들어 주는 스마트폰 앱도 다양하게 사용할 수 있다. 예전 같으면 전문가나 사용했던 디지털 편집 프로그램도 조금만 배우면 누구나 다룰 수 있게 됐다.

영상을 완성한 뒤에는 가족이나 친구들에게 유튜브나 페이스북, 팟캐스트 같은 SNS를 통해 온라인으로 배급하고 상영할 수 있다.

사육신 현창에 대한 소설 네트워크 콘텐츠는 극히 부족하다. 드라마도 영화에도 적지 않게 노출되어 대한민국 충의(忠義) 정신의 상징이 되어 있는 지금, 사육신의 위명(偉名)에 부합되지 않게 정체되어 있는 그 무엇인가가 아쉬움으로 남아있다.

오늘의 현상에 만족하여 몇 가문만의 사육신(死六臣) 현창(顯彰)에 평판관리의 위기를 본다. 다만, 한류의 등장으로 곧 다가오고 있는 한국인, 한국역사문화에 대한 글로벌적인 관심은 새로운 기회를 제공하고 있다.

사육신 현창, 어디로 갈 것인가.

사육신 평판관리의 필요성
"그 옛날 조선왕조실록에도 평판 관리가 있었다."

윤영용　요즘, 평판이 대단히 중요해지는 시대가 됐습니다. 평판 때문에 기업이 잘 나가다가도 하루아침에 훅- 망해버리고, 이런 상황들이 오고 있으니까 평판 관리는 중요합니다.

윤명철　개인도 마찬가지죠.

윤종일　그것은 이제 계속 그럴 것 같아요.

윤영용　그런데 저희 같은... 사단 법인이나, 이런 쪽에서는, 평판 관리 신경 써 본 기억이 없죠.

윤종일　일반 법인체... 어디라고 얘기는 못하는데... 너무 학벌, 뭐 이런 이야기를 해가지고, 자기 지역 출신만 고르는, 이런 거... 아주 못된 짓을 하고 있는 데가 있어요. 제가 평소에 이걸 정리를 하다가 어느 특정 학교에 지독해서... 이런 케이스가 있거든요. 도저히 용납을 할 수가 없어요. 사회 지도층에 있던 사람이...

윤영용 하지만, 그런 것을 보면 평판 관리라고 하는 게, 남에게 보여지는 자기의 모습도 되겠지만, 자기 스스로가 그런 관리 의식을 느낌으로써 스스로 정돈하는, 스스로가 가다듬는 그런 의미도 중요하다고 생각합니다. 평판이라는 것이 남에게 보여주기 위한 게 아니라, 나 먼저 스스로 하지 않으면 언제 어디서 튀어 나올지 모르는 거예요. 그런 부분들을 생각해보고 우리가 이제 해야 되는데... 사육신을 보면 그런 게 굉장히 중요해요. 사육신에 재밌는 부분이 하나... 사육신 자료에 어떤 얘기가 나오나하면, 세조 측이 "네 죄를 알렸다." 한 다음에 누구는 어떻고, 누구는 성격이 모자라서... 누구는 뭐를 했고, 막 험담을 해요. 그런 기록이 있더라고요. 그리고 누구는 험담할 내용이 없으니까. 얘기를 안 해요. 이렇게 해서, 세조 측에서도 제거해야 될 사람들을 하나씩 품평을 달아요. 그러니까 우리가 지금 생각해보면, 그 옛날 조선왕조실록에도 평판 관리가 있었던 거예요.

윤명철 아니... 우리 입장에서만 봐서는 안 되고, 조선시대는 어제예요. 저는 고대 시대, 선사 시대에 들어가면... 현대인들이 자꾸 우리의 지금 시각에서만 생각을 해요. 그때 시각으로 생각해야 되는데...

윤영용 제가 백제 얘기를 쓸 때, 가장 충격이었던 것이... 자료들이 거의 지금 우리의 시각으로 본다는 것이었죠. 그때 그 시각. 그 당시의 평판이 중요하지 않을 수 없습니다.

"세계문화유산"

윤종일 박사

경희대학교 대학원 사학과

국사편찬위원회 사료조사위원

서일대학교 총장직무대행

다산문화연구소 소장(현)

한국탁본자료박물관 관장(현)

세조 2년 6월 단종 복위 운동사건 때 당시 의용된 대명률(大明律)에 의하여 주범과 종범 구별 없이 수레에 사지를 묶어 찢는 참혹한 환형을 당한 분이 46명이다.(생전42명, 시신4명) 그리고 이렇게 환형을 한 사람들의 아버지와 아들도 교수형에 처하였다. 3족을 멸한 것이다. 목숨 100여 명이 넘게 죽었다. 이들의 재산은 모두 몰수되었고, 어머니와 처, 딸과 손자 이하는 노비로 전락되었다. 멸문지화(滅門之禍)였다. 그 화의 범위가 너무나 컸고 너무 참혹하여 우리 역사상에 유례가 없는 순의(殉義)요, 비극이 아닐 수 없었다.

그 사육신을 현창(顯彰)하는 것이 그로부터 순의 564년째다.

사육신 공원에 칠신이 있는 이유

세조 때, 단종 복위 대 사건을 치르고 나서 자연스럽게, 그 중 유림이 가장 존숭할 여섯 분이 이미 꼽혔을 것은 당연하다. 그래서 사관이 육신의 명단을 후세에 전하려고 기술적인 방법으로 사초(史草)도 쓰고, 예종 원년부터 편찬된 세조실록의 편수관도 그러한 마음가짐에서 동 실록을 편찬한 것이 타당한 추론이다. 그 편수관에는 당대 유종(儒宗)이었던 김종직도 들어 있었다.

그 결과 육신(六臣) 사건이 발각된 세조(1456년) 6월 경자(庚子) 일조에 많은 분을 국문하였지만, 성삼문, 하위지, 이개, 박팽년, 김문기에 대한 국문 결과와 유성원이 자살한 사실만을 기술하였다. 그리고 같은 달 병오(丙午) 일조에 많은 분들을 사형한 기록 끝에 성삼문, 박팽년, 하위지, 이개, 유성원, 김문기의 여섯 분에 대하여만 특별히 그 각 모의 동기와 모의 내용 등 그동안의 활동상을 나란히 개별 설명까지 붙여 열기(列記) 하였을 것이다. 당시에 이 여섯 분을 중심으로 육신 사건을 후세에 전하고자 했을 것이며, 그래서 기록에 세조의 입을 통해 육신(六臣)이라는 단어가 등장하게 된 것으로 추정된다.

역사서 삼국지와 나관중의 삼국지연의가 있듯이 한국의 대표적 충의 상징인 사육신에도 실록 기록들과 다른 명필 명문장가의 실화 실명소설이 문집에 등장하게 된다. 남효온의 『추강집』 「육신전」이 바로 그것이다.

추강집은 조선전기 학자 남효온의 시가와 산문을 엮어 1922년에 간행한 시문집이다. 내용8권 5책. 목판본. 1922년 후손 상규(相圭)에 의해 간행되었다. 초간본은 1577년(선조 10년) 외증손 유홍(俞泓)에 의해 5권 4책으로 간행되었고, 중간본은 1677년(숙종 3) 유홍의 증손 방(枋)에 의해 5권 5책으로 간행되었다. 서문은 없고, 권말에 조신(曺伸)의 발문과 유홍의 구발(舊跋), 방(枋)의 중간발, 후손 상규(相圭)의 발문이 있다.

조선 초 유림의 조종으로 불리던 김종직의 제자이자 생육신의 한 사람인 추강 남효온(秋江 南孝源)이 지은 사육신의 행적을 묘사한 『추강집』은 실제 간행자들은 유응부의 후손 유홍과 유방이다. 생육신으로 1454년생인 남효온은 성삼문이 죽은 1456년에는 겨우 3살이었으니, 이를 직접 봤을 리는 없다. 남효온이 듣고 읽은 것을 바탕으로 기록하였다고 하는데. 그 내용에 실록에 있는 김문기 내용들이 여럿 유응부 내용으로 바뀌어 등장한다. 이러한 이유로 사육신 전승 중에 육신이 칠신이 된다.

남효온이 「육신전」에 성삼문, 박팽년, 이개, 하위지, 유성원, 유응부 여섯의 전기를 간단히 썼다. 육신사건에 관한 문헌으로는 『세조실록』 외는 『해동야언』과 더불어 가장 오래된 문헌이다. 그리고 그 저자인 남효온의 성과는 기술된 육신의 의기와 그 충성 그리고 상상할 수 없는 혹독한 고문과 굴복 하지 않는 불굴의 감격스러운 내용으로 기술되어 있다. 그래서 많은 사람들의 심금을 울리고 500년 동안 육신사건에 관한 성서로 읽혀져 왔다.

「육신전」의 내용은 현대에는 우리가 모두 알고 있는 '세조 앞에서도 뜻을 굽히지 않은' 친숙한 사육신 이야기이지만, 내용상 조선 전기에는 충격이었을 작품이다. 그야말로 대놓고 계유정난을 비난하며 세조를 패륜아로 만들고, 노산군(단종)을 옹호하며, 당시에는 역적이 확실한 사육신을 '의기가 높다'며 칭송했던 책이다.

그러므로 조선 전기 세조의 후손인 왕실의 입장에서는 「육신전」은 곧 역적을 옹호하는 기록이었을 것이다. 왕실의 입장에서는 이런 책을 쓴 것은 물론이고, 가지고 있다는 것만으로 역적죄를 각오해야 하는 것임은 분명하다.

조선 전기의 「육신전」은 공공연하게 언급되지는 않고, 인쇄도 잘되지 않으면서 사림 선비들 사이에서 몰래 몰래 필사해 가면서 보는 책이었을 것이다.

실제로 『선조실록』에는 경원관 박계현이 성삼문이 충신이라며 「육신전」을 추천했다. 선조가 이를 읽어보고 분노를 터트리는 장면이 나오며, 책을 모두 거둬서 불태워 없애고, 이야기하는 자도 처벌해야겠다는 발언을 했으나 신하들이 말려서 그만두었다고 기록되어 있다.

그러나 유림(儒林)들은 달랐다. 공자 맹자 학문의 도(道)에서 세조는 주공(周公)과 대비되었다. 이 유림들의 존경하는 육신에 대한 마음들이 대대로 전승되어 남효온의 『추강집』을 삼국지 역사에 나관중의 『삼국지연의(三國志演義)』처럼 필사하게 하고, 인구에 회자(膾炙)되게 했을 것이다.

남효온이 계유정난 이후에 태어났음에도 불구하고 생육신의 일원으로 거론되는 것 역시 이 '육신'이란 이름이 정립되었기 때문이었을 것이다. 그 자체로는 사료적 가치는 분명히 낮지만, 단종과 사육신의 복권 등에 큰 영향을 미쳤으며, 『삼국지연의』처럼 역사적 이미지를 만들어내어서 오늘날까지 사육신이 조선 충의(忠義)의 상징이 되도록 만든 소설이라고 할 수 있을 것이다.

이러한 일련의 사육신 충의(忠義) 논거는 세조에 의해 시작되는 것도 역사의 아이러니다. 세조3년 (1457년 9월)에 단종복위 운동 사건 등에 목숨을 뺏긴 백여 명의 이름을 금비단 8폭에 병자원적(丙子寃籍)이라고 써서 당시 동학사에 보내 초혼(招魂)하여 제사를 지내게 하였다.

사육신 복권과 현창운동, 수백 년 역사적 의의

육신에 대한 추모는 궁극적으로 육신의 현창 운동으로 발전한다. 육신의 역모 죄명을 벗기고 육신의 명예를 회복하고 충절을 현양하려는 운동이다. 이 운동은 유신들 특히 왕을 측근에서 모시는 신하로서 의리를 중시하는 성리학의 영향을 받은 벼슬아치와 유생들이 중심이 되어 이어졌다.

육신은 역모의 죄로 처형되었으므로 육신의 죄명을 벗기고 현창하자면 그 권한이 있는 왕이 죄명을 벗기고 충절을 표창하는 절차가 필요하다. 그러므로 현창 운동은 주로 왕에게 하는 수밖에 없었다.

사화(士禍)로 얼룩졌던 연산군 시대에 위축되었던 유림이 중종 반정으로 재기하여 성리학의 의사상(義思想)이 존중되었다. 중종 이후 지속적으로 유림들의 육신 현창이 이루어졌다.

육신에 관한 『세조실록』의 기록은 모르고, 사림의 꾸준한 노력으로 드디어 남효온의 「육신전」에 기재된 여섯 분은 역적의 누명을 벗는 신원(伸冤)이 되기에 이르렀다. 숙종 17년. 12월5일. 청나라에 사신으로 다녀온 민암(閔諳)이 숙종의 물음에 대하여 "공자는 주(周)나라 신하이면서 백이숙제를 찬양하였습니다. 비록 명나라 방효유(方孝儒)까지 언급하지 않더라도 우리 동방의 정몽주의 예를 볼 때, 육신의 절의를 표창함에 걸림 이 없나이다. 세조께서 후세의 충신이라고 하신, 그 깊은 뜻을 알 수 있나이다."라고 아뢰었다.

숙종께서는 그 이튿날인 1691년 12월7일 남효온의 「육신전」의 육신의 벼슬을 회복하는 복관(復官)을 하고, 벼슬아치를 보내어 제사지내고, 민절사(愍節祠)에 사액(賜額) 한다는 역사적인 교서를 내렸다.
"무릇 나라가 먼저 서두를 일은 절의를 숭상 · 표창 · 장려하는 일보다 중요한 일이 없다. 신하로서 가장 어려운 일은 절의를 세워 목숨을 바치는 일보다 더한 일이 없다. 저 여섯 신하가 어찌 천명을 몰랐고 사람이 이를 거역할 수 없음을 몰랐을 것이오, 그런데도 마음에 결의하여 죽음을 택하고 후회함이 없었다. 이는 실로 사람으로서 하기 어려운 일을 능히 한 것이다. 그 충절은 수백 년 토록 늠름하다. 가히 방효유(方孝孺)와 경청(景淸)에 비교할 만하다. 마침 선릉에 일이 있어 행차가 육신묘 곁을 지남에 감회가 더욱 깊다. 세조께서 당세(當世)에는 난신(亂臣)이지만 후세의 충신이라고 하신 말씀은 뜻이 여기에 있다. 오늘 육신을 복관하는 일은 실로 세조의 남기신 뜻을 계승함이요, 세조의 덕을 빛냄이 될 것이다"

이 내용의 비망기(備忘記)를 숙종이 내렸다. 순의 이후 235년 만에 복관 신원이 이루어진 것이다. 역적에서 충신으로 바뀐 것이다. 물론 이때까지도 『세조실록』을 열람하지 않았다.

기록에 성승을 복관하여 달라는 김진남의 상소문에 "성삼문의 아버지 성승이 목숨을 버리고 의를 취함은 육신과 다름이 없는 고로 「육신전」에 실려 있습니다. 「육신전」을 보시고 크신 은혜로 이미 육신의 복관을 명하셨습니다.라고 하여 이를 증빙한다.

유응부는 숙종 때 복관되었지만 남효온의 「육신전」에 유응부로 잘못 기록 전승된 김문기는 이때 복관되지 못하였다. 그 후 세손의 호소로 숙종 43년 (1717년)에 김문기 복관의 왕명이 있었다. 그러나 호소인의 사망으로 복관교지(復官敎旨)는 영조(1731)에 발행되었다.

역사문화 콘텐츠, 유네스코 등재 가능성에서 사육신 현창

조선 600년의 수도 한강. 저 건너 너머의 궁궐들을 바라보면서 작은 공원. 그 속에 7분의 신위가 모셔져 있고, 도도히 흐르는 강물에 충절(忠節)의 한(恨) 많은 설움이 소리 없이 흐른다. 그렇게 유림(儒林)에서 마음 깊숙이 심어져 자라고 꽃피고 숲을 이루어 조선 충의(忠義)의 상징이 되었다.

사육신 현창, 유네스코 그 세계문화유산으로의 제언

유네스코는 1972년, 이집트의 아스완 하이 댐 건설로 인하여 수몰 위기에 놓인 고대 누비아 유적들(고대 이집트 문명으로서 람세스 2세가 세운 아부심벨 대신전과 소신전, 프톨레마이오스 왕조

시대에 세운 필레 신전 등이 대표적 유적)을 보호하기 위하여 '유네스코의 세계 문화 및 자연 유산 보호 협약'사업을 시작하였다.

그 후 1989년 '전통 문화 및 민속 보호에 관한 유네스코의 권고'를 시작으로, 유네스코는 산업화와 지구화 과정에서 급격히 소멸되고 있는 무형유산을 보호하고, 계승하기 위하여 2003년 제32차 유네스코총회를 통해 최초의 무형유산 보호 국제협약인 '무형문화유산 보호 국제협약'을 채택하였다.

세계기록유산의 경우 1992년 '세계의 기억(Memory of the World: MOW)' 사업이라는 이름으로 시작되어 전쟁과 사회적 변동, 그리고 자원의 부족으로 소멸 위기에 놓인 인류의 중요한 기록들을 보호하고 보존하는 일을 시작하였다.

무형문화유산은 전통문화인 동시에 살아있는 문화이다. 무형문화유산은 공동체와 집단이 자신들의 환경, 자연, 역사의 상호작용에 따라 끊임없이 재창해온 각종 지식과 기술, 공연예술, 문화적 표현을 아우른다. 무형문화유산은 공동체 내에서 공유하는 집단적인 성격을 가지고 있으며, 사람을 통해 생활 속에서 주로 구전에 의해 전승되어왔다.

한국의 무형문화유산 (사례)

종묘제례 및 종묘제례악(2001)

판소리(중고제)(2005)

판소리(동편제)(2005)

판소리(서편제)(2005)

강릉단오제(2005)

처용무(2009)

남사당 놀이(2009)

영산재(2009)

강강술래(2009)

제주 칠머리당 영등굿(2009)

가곡, 국악 관현반주로 부르는 서정적 노래(2010)

대목장, 한국의 전통 목조 건축(2010)

매사냥, 살아있는 인류 유산(2010)

한산 모시짜기(2011)

택견, 한국의 전통 무술(2011)

줄타기 (2011)

아리랑, 한국의 서정민요(2012)

김장, 김치를 담그고 나누는 문화(2013)

농악(2014)

줄다리기(2015)

제주해녀문화(2016)

씨름, 한국의 전통 레슬링(2018)

무형문화유산의 등재 의의와 효과

긴급보호목록 및 대표목록에 등재되면 무형유산협약에 따라 설치된 무형유산기금 및 관련 전문 기구를 통해 유산 보호에 필요한 재정 및 기술 지원을 받을 수 있다. 또한, 국제적인 지명도와 관심이 높아지면서 이에 따른 고용기회, 수입 증가 등을 기대할 수 있다.

무엇보다 중요한 것은 긴급보호목록 및 대표목록에 등재되면 국제적으로 해당 유산에 대한 가시성이 높아지고, 관련 공동체의 자긍심이 고취됨으로써 무형유산을 보호하는 데 크게 기여할 수 있다는 점이다.

긴급한 보호가 필요한 무형문화유산목록

긴급한 보호가 필요한 무형문화유산목록에 등재되는 것은 해당 유산이 사회변화나 불가피한 사유로 인해 관련 공동체나 집단, 당사국 등의 노력에도 불구하고, 심각한 소멸위험에 처해있으므로 국제사회가 공동으로 해당 유산을 보호해야 한다는 것을 뜻한다.

긴급보호목록은 세계유산사업의 위험에 처한 세계유산목록과는 성격이 완전히 다르다. 위험에 처한 세계유산목록의 경우 대부분 위기의 원인이 당사국의 관리소홀로 귀결되면서 당사국들은 이 위험유산목록에 등재되는 것을 극히 꺼리고 있다. 그러나, 긴급보호목록은 등재 신청을 각 당사국이 하도록 되어 있으며, 등재 요건도 인류무형문화유산 대표목록보다 더 엄격하게 규정하고 있다. 이것은 긴급보호목록에 등재될 경우, 대표목록에 등재된 유산보다 가시성이 높아지고, 더 많은 국제원조를 받을 수 있기 때문이다.

인류무형문화유산 대표목록

인류무형문화유산 대표목록은 관련 공동체나 집단 등이 등재 신청에 동의하고, 적절한 보호 대책이 수립되어 있을 경우, 당사국의 신청에 따라 무제한으로 등재할 수 있다. 장기적으로 대표목록은 일종의 국가별 무형문화유산 목록을 집대성한 것이라고 볼 수 있다.

관리책임

긴급보호목록 또는 대표목록에 등재되어도 해당 유산의 관리는 이전과 변화가 없으며, 당사국 국내법의 적용을 받는다. 다만, 무형유산위원회는 당사국이 세계유산을 적정하게 보호 및 관리하고 있는지 보고서 제출을 요구할 수 있으며, 필요한 경우 현지 조사를 실시할 수도 있다.

국제협력 및 지원

긴급보호목록 및 대표목록에 등재되면 무형 문화 유산협약에 따라 설치된 무형문화유산기금에서 재정 및 기술 지원을 받을 수 있다. 이 기금은 당사국의 의무적 또는 자원에 따른 기부금으로 조성된다.

유네스코 등재 가능성에서 사육신 현창의 가치

조선 600년을 관통하며 세계사에 유례가 없는 충의(忠義) 정신의 논란과 현창의 상징이 된 사육신. 문화재이자 무형문화 가치재로써 지금 대한민국 서울특별시 동작구 노량진에 자리 잡고 564년을 관통하며 도도하게 정신문화 가치로 흐르고 있다.

한반도 남북한에서 거부감 없이 받아들인 사육신. 그들을 죽인 세조조차 당세(當世)에는 난신(亂臣)이지만 후세의 충신이라는 평으로 그 정신적 역사 가치를 인정하였다.

사육신 현창은 이제 한국 사회의 질서와 정신문화적 가치의 상징에서 세계인들에게 공동체 핵심가치인 중심을 지켜나가는 충의 (忠義) 정신을 심는데 이바지해야 할 것이다.

[토론3]

사육신 현창의 유네스코 등재 추진

"사육신 추모공원과 현충원. 충의 정신의 상징이 동작구에"

윤영용   토론에 들어가겠습니다. 유네스코. 그러니까 국제적인 단체로
부터 인정받는다는 부분에서 '사육신' 그러면 아주 특이한 점
이 있어요. 아까 우리 윤명철 교수님도 말씀하셨고... 윤종일
교수님도 다시 말씀하셨는데... 현창(顯彰) 즉 밝게 드러내는
것. 그걸 복원(復原)하게 하는 것의 일체가 절대 권력자인 왕
에게 하는 거예요. 그러니까, 사실 조선 세조 이후는 세조의
후예들이잖아요. 정확히 얘기하자면, 세조의 후손들한테... 아
니... 세조가 역적으로 몰았는데, 사육신 등 이분들을 다 복원
해서, 역신(逆臣)에서 충신(忠臣)으로 바꿔야 됩니다. 이렇게
복원 운동을 하는 것이거든요. 그렇게 복원되기 시작된 것만
해도 250년이 넘는 거고. 오늘날 까지도. 그래서 충신으로 모
셔지는데... 이러한 기록이나, 이러한 내용이... 이어지고 있는
게 과연 있을까요? 전 세계적으로?

윤종일   전 세계적으로, 우리 조선왕조기록이 세계 문화유산으로 되
었는데... 그래서 이러한 것, 기록들이 제가 알기로는 없을 거

예요. 상당히 이렇게 오랫동안 지속적으로 이어진 것이 있었다면, 하나의 '중요한 의미가 있다.'라고 볼 수 있겠죠.

윤영용   아까 윤명철 교수님께서 말씀 하셨듯이... 조선 전체를 관통하는 명분인데, 성리학적인 명분인데, 이걸 지키기 위해서 목숨을 걸고... 왜 그러냐면, 역적(逆賊)을 충신(忠臣)으로 복원(復原) 시켜 달라는 건 쉽지 않은 얘기거든요. 실제로 추강집의 사육신전을 숙종이 보고, 또는 선조나 이쪽에서... 뭐라 할 생각이 있었냐면, "다들 잡아 들여", 이런 게 실제로 기록에 있었기 때문에... 그리고 보면 사육신 현창은 후손들이나 유신(儒臣)들이 왕에게 목숨을 걸고 하는 복권 운동이 아니었을까 하고... 그런 추측이 되거든요. 그래서 그런 면에서 생각할 때는 사육신 현창 자체가 세계사적으로도 의미가 있는 일이 아닐까라고 생각해 봅니다. 유네스코에 관심이 많고, 실제로 강의도 하시니까... 그런 부분들이 유네스코 위원 분들한테 어필할 수 있는 근거가 될 수 있습니까?

윤종일   내용을 철저하게 하면, 우리가 유의미하다는 걸 끄집어 낼 수 있어야 되겠죠.

윤영용   의미가 있다. 유의미하다고

윤종일 충분히 가능하다고 생각해요.

윤영용 그리고 또 그것도 중요할지 모르겠습니다. 아까 윤명철 교수님께서 시작할 때, 지금 우리 공동체... 나아가 세계 글로벌 시대의 공동체 사회에 호의(好義)의 의미로써, 이러한 사육신을 키워서, 사육신의 내용을 좀 더 깊이 연구하고, 확대 발전시켜서 간다면 유네스코가 추구하는... 이 유산 문제.... 무형문화재로써의 가치가 충분하지 않을까라고 생각하는데... 그러기 위해서는 많은 노력이 필요하겠죠?

윤종일 그렇죠. 실제 이러한 것을 우리가 잘 가르치지 않는다고 하면... 실제로 그냥 잠깐, 우리가 여행을 가서 하는 것이 아니라 잠깐 갔다 오는 형태... 그 정도가 된다고 하면, 의미가 없겠죠. 그런데... 이 장소 자체가, 그 사육신 모신 공간 자체가 사육신에 대한 의미나 이런 것을 제대로... 현재 우리가 정치나 일반 국민들을 보면, 충(忠)이나 효(孝)에 대한 것이... 아까 말씀 하셨지만, 실제로 상당히 가치 전도가 되어 있지 않느냐 하고. 이런 걸 알고, 계기가 되어서 좀 더 철저하게 국민들에게 교육도 시키고, 또 관심을 갖게 하잖아요. 그 다음 세계적인 문화유산으로 확산을 시키는 이러한 계기를 삼는 게 좋죠.

윤영용   지역 발전에도 도움이 되겠습니까?

윤종일   지역 발전에도 맞죠. 우리가 지금 보면 세계문화유산 이런
         거 되기 전에는 전혀 관심도 안 갖고 있다가, 지금 주대표님
         도 계시지만... 일반 예술계 쪽이나, 우리나라에서 조차 관심
         을 안 갖다가... 외국인들이 좋아했을 때, 실제로 종묘 제례
         도... 저도 사학과 역사를 전공했지만, 그렇게 대단하게 중요
         하다고... 학생들한테 가르치는 것에서는... 그런데 세계문화유
         산으로 지정이 되니까. 아차, 싶은 거예요. 마찬 가지죠. 실제
         제가 대학에서... 학교 이사장 하시는 분이 종묘제례를 했었
         어요. 거기에 제가 초헌관 아헌관을 하고 방문 할 때, 참여를
         해보고, 학생들도 참여를 시켜 봤는데... 그게 만약에, 그런 것
         자체도 문화유산으로 지정이 됐다고 하면, 그 지역만이 아니
         라 좀 더 많은, 지금... 종묘 이런 데는 전국에서 다 모여들잖
         아요. 매번... 저도 학생들한테... 저도 일부러 매년, 수업 대신
         갔다 오라고 해요. 그걸 촬영을 해 가지고 와라. 그냥 보고
         오는 게 아니라... 촬영해서 깊이 보고... 제대로 생각하고 와
         라. 똑같겠죠.

윤영용   해외에서도 많이 오는 것 같아요. 그러니까 해외에서 유네스
         코라고 하는 국제기구를 통해서 '한국에 이러한 문화유산이

있다' 그리고 이런 것들이 이루어진다고 했을 때, 관광 효과
도 크고, 그 다음에 기타 산업 유발 효과도 크다. 그 다음에
저희가 오늘 주제로 삼고 있는 글로벌 콘텐츠로써 발전 할
때, 유네스코를 통해서 세계인에게 먼저 각인 시키는 어떤
좋은 효과가 있다. 그렇다면 지역 정치인이나 지역 단체, 지
자체 정부 기관들이 더불어서... 좋은 TF를 만들든... 이런 일
즉 유네스코 등재를 추진하는 것이 '사육신 정도 되면 당연
히 해야 되지 않을까'라는 생각을 해봅니다.

윤영용　　하여간 두 분 말씀 오늘 굉장히 감사하고요 그 다음...

윤명철　　저는 역사학자로써 조언을 하는 건데요. 세계 역사를 볼 때
　　　　　조선 왕조처럼 500년 이상을 단일 왕조로 이어온 나라는 거
　　　　　의 없죠?

윤영용　　예. 거의 없죠?

윤명철　　없어요. 로마제국이 있지만 다르거든요. 그러니까 단일 공동
　　　　　체를 구성해서 이어져온 것이에요.

윤영용　　그렇죠.

윤명철 　또 한 가지는 그게 성리학 이데올로기가 근간인거죠. 또 한 가지는 이미 세계문화유산에 조선왕조실록이 들어가 있거든요. 그러니까 이런 몇 가지를 놓고 볼 때, 이거 굉장히 유리합니다. 가치가 너무 많아요. 기록문화유산으로 되어 있다. 세계에서 유래가 없는 단일 공동체로써 500년 이상 지속된 정치 공동체다. 그리고 그것이 하나의 이데올로기를 철저하게 끝까지 지켜왔다. 어쨌든 간에 사육신 현창 기록이 희소 가치가 있다는 거죠. 이런 걸 개발 하느냐 못 하느냐에 유네스코 등재 가능성이 있습니다.

윤영용 　그러니까 그게 이제 정부에서 직접 바로 하기는 좀 어렵고요. 그 다음... 지역 단체, 지자체 그 다음에 이런 사단법인이나 이런데서 민간적으로 주도를 해서 공공기관들을 유도를 해내서 추진이 이루어진다면... 제가 참 신기한 것을 오늘도 발견 했었어요. 유네스코 사진을 보다가 동작구청에 기가 막힌 게 하나 더 있는 거예요. 여기 우리 주대표께서 꺼내 주셨는데... 현충원이 있는 거예요. 조선의 역사를 관통해서 온 사육신의 공원이 있고, 현재 현대 대한민국의 충의(忠義) 정신의 상징인 현충원이 동작구 안에 있더라고요. 신기하게 같은 의미가 아닐까 생각합니다.

주제발표 4

"글로벌 콘텐츠"

주성숙 대표 (프랑스파리대학 CLCF :영화연출 전공)

재불 영화학회 회장 역임

국제 영화제 심의 평가위원 / 문화관광부 (2007년)

대학로 <양산박>극장 대표

㈜주씨네 대표

　남과 북을 넘어 동양적 주제와 소재. 드라마와 영화 소재로 이렇게 다양하게 꺼내질 수 있는 상징이 있을까? 충(忠)과 의(義)는 무엇일까?

　동양 최고의 문학 콘텐츠 삼국지만을 보아도 충(忠)과 의(義)다. 그런 면에서 새롭고 강한 의미의 글로벌 콘텐츠 가능성을 가진 것이 바로 사육신이 아닐까 싶다. 사육신은 말 그대로 조선을 대표하는 충신의 상징이면서 논쟁이 끊이지 않아 오늘날까지 이어진다.

　노이즈마케팅 효과는 불문하고, 홍길동적인 역성혁명의 요소와 거지와 왕자 식의 주인공 바뀜. 조선 초기와 현대사 한복판까지 이어지는 사육신에서의 육신(六臣) 논쟁. 게다가 한국 현대사의 최거두 박정희 대통령의 최측근으로 총을 들어야 했던 김재규 중정부장과 사육신 중 최고위직이자 세조로부터 총애를 받은 듯한 백촌 김문기 선생의 이야기는 500년을 넘어, 충(忠)과 의(義)에 대한 깊은 성찰을 하게 한다.

항간에 부마사태에 "탱크로 밀어 버리자", "킬링필드처럼 100만이 죽어도.." 등등 과격한 발언들 속에서 최측근 중정부장으로서 국민의 생명과 막장으로 치닫는 절대 권력에 대한 제지를 고민해야 했던, 500여년 후 백촌 김문기 선생의 후예, 김재규의 심정에는 최고의 성군, 세종의 총애와 문종의 사랑, 그리고 나이어린 단종에 대한 충(忠)과 의(義)를 표제(標題)해야 했던 백촌 김문기의 고민이 있었을까. 유전자 DNA를 흐르는 충의(忠義) 정신의 기구한 인연에 가슴이 먹먹해진다.

운검 유응부 선생의 후예로 관노로 팔려야 했던 그 여식들은 세조 때 육신(六神)으로 이씨조선을 뒤엎을 홍길동과 같은 민중적 역발산기개세(力拔山氣蓋世), 즉 힘이 산을 뽑고 기운은 세상을 덮는다는 영웅으로 사육신전을 이어, 조선 후대 면면에 그 정신을 심고, 키웠다.

정사(正史)와 야사(野史)가 어우러진 사육신(死六臣) 드라마는 그래서 더 개발 요소가 가득하다. 햄릿과 로빈훗, 300. 스파르타쿠스 등등 이리저리 대보아도 만들고 싶은 영화적 요소들이 충분하다.

먼저 사육신공원을 가보았다.

사육신 공원(死六臣公園)은 서울특별시 동작구 노량진동에 있는 사육신묘와 그 외 사육신비 등이 안장된 공원이다. 원래 이곳에 있던 성삼문·이개·박팽년·유응부의 묘에, 하위지·유성원·김문기의 가묘를 새로 조성하였다.

수양대군이 조카인 단종(1445년)으로부터 왕위를 빼앗고, 왕이 되자 이에 불복하고 단종 복위에 힘 쓰다 목숨을 잃은 성삼문, 하위지, 이개, 유응부, 유성원, 박팽년, 김문기를 현창하여 모신 곳이다. 이들은 단종 3년(1455년)에 수양대군의 왕위찬탈에 분개하여 단종의 복위를 노리던 중, 1456년 6월 명나라 사신의 환송연에서 성삼문의 아버지 성승(成勝)을 비롯, 박쟁, 유응부와 세조 일파를 처단하기로 계획하였으나, 이 사실이 사전에 누설되어 실패하였다. 이들의 계획이 좌절되자 거사 동지이며 집현전 출신인 김질(金礩) 등이 세조에게 단종복위 계획을 밀고하여 연루자들이 모두 붙잡혔다.

성삼문은 시뻘겋게 달군 쇠로 다리를 꿰고 팔을 잘라내는 잔혹한 고문에도 굴하지 않고 세조를 '전하'라 하지 않고 '나리'라 불렀으며, 나머지 사람들도 진상을 자백하면 용서한다는 말을 거부하고 형벌을 받았다. 성삼문, 박팽년, 이개는 단근질로 죽음을 당하였고, 하위지는 참살 당하였다. 유성원은 잡히기 전에 자기 집에서 아내와 함께 자살하였다. 이밖에 사육신의 가족으로 남자인 경우는 모두 죽음을 당하였고, 여자의 경우는 남의 노비로 끌려가는 등 70여명이 모반 혐의로 화를 입었다.

조선 세조 2년(1456) 조선의 6대 임금인 단종의 복위를 도모하다 목숨을 바친 성삼문, 하위지, 이개, 유성원, 박팽년, 김문기, 유응부 등을 모신 곳이다.

이들은 단종 3년(1455)에 단종의 숙부인 수양대군(뒤의 세조)이 왕위를 빼앗고 단종을 몰아내자 이에 분개하여 단종의 복위를 꾀하다 발각되어 참혹한 최후를 맞았다. 하위지 유성원 김문기는 가묘가 있다.

사육신의 충성심과 장렬한 의기를 추모하기 위해 숙종 7년(1681)에 이곳에 서원을 세우고, 정조 6년(1782)에는 신도비(神道碑:왕이나 고관 등의 평생 업적을 기리기 위해 무덤 근처 길가에 세우는 비)를 세워 두었다.

1955년에는 사육신비를 세우기도 하였고, 이후 묘역을 확장하여 새롭게 정비하여 충효사상을 기리고자 하였다. 원래의 묘역에는 성삼문·이개·박팽년·유응부의 묘만 있었으나 후에 하위지·유성원·김문기의 가묘를 만들어 함께 모시고 있다.

이러한 기록을 보면서, 불이문(不二門) 속 의절사(義節祠) 앞마당이 고즈넉하니 창작 욕구를 당긴다.

현장극, 사자(死者)의 서(書)

거기 추모제향을 통해 사육신 현창의 목소리가 드높은데. 갑자기 레미제라블과 섞인 사극 판소리가 어우러져 펼쳐진다. 앞마당에서 올려다보니... 갑자기 일곱 분이 차례로 등장, 사자(死者)의 서(書)를 읊는다.

모진 고문으로 죽어야 했던 일곱 분이 오늘날 우리에게 던지는 편지. 되살아나는 그 분들의 절절한 스토리들이 울리면, 그 의절사 앞마당에서, 감나무 단감으로 익어가는 어느 가을날, 우리는 들을 수 있으리.

순의565년. 그분들이 뭐라 얘기하실까. 현대 국악총체극으로 의절사 앞에서 펼쳐지는 사육신 이야기. 한밤의 작은 한국식오페라는 깊은 감동을 주리라. 한국에서 총체극은 대개 연기와 음악, 춤, 미술 등 다양한 장르

와 각종 무대장치 등을 아우른 실험적인 형식을 가리킨다. 다른 장르 간의 조합이 주는 생경함 때문에 변방에 머물러온 양식이기도 하다. 하지만 새로운 현장극이다. 이렇듯 현장에서 얻은 감동. 이는 해마다 겹겹이 쌓여 좋은 극영화로 세계인들에게 깊은 감동을 주는 한국인에 의한 한국인의 역사문화감성 스토리를 전할 것이다.

새로운 영화와 글로벌 드라마, 사육신

남한에서 방영된 최초의 남북합작 드라마는 사육신인 듯하다. 남한에서도 그리고 북한에서도 그만큼 사육신은 의미 있는 콘텐츠다.

육신(문화어 : 사'륙'신).

2007년 8월 8일부터 동년 11월 1일까지 총 24부작으로 KBS 2TV에서 방영되었던 최초의 남북 합작 사극이 있었다. KBS의 자본과 장비 등의 하드웨어와 조선중앙방송의 배우, 극본 등의 소프트웨어로 제작된 작품. 제작 의도는 사육신의 충절을 보여주기 위해서라고 한다. 남한에서는 KBS 2TV에서 방영되었고 북한에선 '조선중앙텔레비죤'에서 방영되었다.

기획부터 3년, 이후 총 제작 기간 2년에 제작비 20억여 원(210만 달러)

이 소요되었다. 제작비의 3분의 2 가량은 발전차나 조명차 등의 현물로 지급되었다. 즉위식 묘사 등을 위해 1만여 명이 동원됐으며, 전투 장면에서는 300여필의 말이 등장했다. 북한으로서는 엄청난 스케일의 드라마인 셈이다.

제작사가 북한 측이며 연출, 각본, 배우 등의 제작자들이 전부 북측 인물이다. 그러다보니 껍데기만 남북합작이지 내용물은 실질적으로 북한 작품이나 다름없다. 주연 배우들의 연기는 발연기가 없다고 하여 훌륭한 평가를 받지만, 엑스트라 배우들의 연기는 그와는 반대였다. 북한 드라마라 그런지 화면이 KBS의 일반적인 느낌과는 매우 다르며, 특히 한국에서는 이미 10년도 더 전에 사라진 후시녹음을 했기 때문에 실제 시청자들 사이에서는 이질감이 꽤 컸다는 반응이다.

충의(忠義) 논쟁. 그리고 충신(忠臣)에 대한 것이 어디 남북한뿐일까. 사육신(死六臣)에는 동양세계의 공동체 질서 이론들이 근간이 되어 있다. 이러한 정신사적 배경은 역사문화 콘텐츠로써 풍부한 가미이다. 국가란 무엇이며... 왜 충의(忠義)가 강조되었고, 그것을 통해 어떻게 사회를 지탱해오고 그 체제를 지켜왔는지. 그 무엇이 그들의 삶을 그 어쩔 수 없는 길에 서게 했는지. 당대의 평가와 후대의 평가. 달라진 그 평가 속에 무너진 집안. 가족들. 그 피눈물 난 삶의 궤적들이 모두다 드라마다.

아직 우리가 보지 못한 사육신에 여전히 풍부하게 남아있는 드라마요소이고 세계인의 눈과 귀가 쏠리고 있는 한류 콘텐츠의 새 영역이 아닐수 없다.

지역 공동체의 콘텐츠 자산으로 확대

노량진. 한강. 동작 현충원. 사육신은 어떤 의미로 엮일까. 현충원과 사육신은 아마 동작구의 상징 중의 상징이 아닐까. 오늘날의 현충원은 그옛날 사육신의 충의(忠義) 정신과 궤를 같이 한다. 이를 통해 우리는 충(忠)과 의(義)를 살피는 좋은 콘텐츠 기반을 획득하게 된다.

중앙대학교 예술원 등 기타 인적 자원이 풍부한 지역의 특성은 이제사육신을 새로운 원소스멀티유즈 콘텐츠 플랫폼으로 성장 발전시킬 수 있음을 느끼게 한다.

음원으로부터 총체극, 나아가 극영화와 드라마, 그리고 국제충효영화제 등 지역의 한계를 극복하고 세계적 역사문화 콘텐츠 관광지로 거듭나리라. 노량진 사육신은 작지만 의미 있는 우리 콘텐츠다.

"사육신 현창, 한국 충효정신의 상징 콘텐츠"

[토론4]

"사육신의 글로벌 콘텐츠 가능성"

윤영용 토론을 시작하기에 앞서... 잠깐, 다같이... 윤명철... 윤종일 교수님, 저까지 포함하면 세분이 다...

윤명철 우리 윤씨 종친회^^

윤영용 아, 그런가요. 원래 사육신의 단종 복위 운동에 굉장히 중요한 사람들이 윤가입니다. 왜냐면 중국에서 사신으로 와요. 그 연회장 사건이거든요. 거기, 그때 사신으로 오셨던 분 이름이 윤봉입니다.

윤명철 명나라 사신...

윤영용 예. 그러니까 명나라 사신 이름도 윤봉이고, 굉장히 중요하신 분 중에 하나가 윤씨 성을 갖으신 왕비가 계시죠. 이렇게 되다 보니까... 저희 윤씨들이 많이 낀 것 같은데... 윤씨는 제3자 입장에서 사육신을 바라볼 수 있는 사람들이라 하겠죠?

실제로 윤봉이라는 사신하고 김문기 선생님... 이런 분들하고 친했대요. 수양도 그런 역할도 있었지만, 그런 상황이... 그러다 보니까 윤씨 성이 인연이 돼서 오늘 세미나를 참석 하는 것도. ㅎ.ㅎ

윤명철   윤씨 조상 중에서도 충(忠)에 가장 알려진 분이 윤봉길 의사예요 그 분이 충이거든요 그니까 12월 16일인가? 윤봉길 의사가 순국하신 날이에요.

윤영용   제가 12월 16일 생일입니다. 직계 조상님이세요. ㅎ.ㅎ

윤명철   그래서 제가 말씀드리고자 하는 얘기는... 비록 사육신을 매개로 했지만 충의(忠義)나... 전체적으로 확장 시키면... 동서양에서도 모두 그렇고... 특히 우리 민족 자체가 충(忠)에 대한 사례들을 모아서 충(忠)을 집중적으로 부각시키는 하나의 아이콘으로써 사육신이 있다는 거죠.

주성숙   상징성이 굉장히 좋아요.

윤영용   중심이죠. 뭐 이렇게 오랫동안, 또 이렇게 많은 사람들이 관여 돼서 이렇게 센 권력자인 왕들에게 신하들이 대든 것도 거의 없어요.

윤명철   그래서 다른 나라에도 충신장을 비롯해서 아까 '300'도 나왔
지만 충(忠)이 일시적인 사건이었거든요. 근데 조선조는 이
충(忠)이라는 것이 좋은 의미건 나쁜 의미건 간에 일관된 이
데올로기... 이런 예는 참 드물다고 생각을 하고요. 그리고 일
관 돼요. 그러니까 그 시기의 충(忠)을 통해서... 결국은... 그
런 거사를 했는데, 그럼에도 불구하고, 그 다음 계속 지속된
사실 속에서는 왕권과 충돌 속에서도 이 반역을 충(忠)으로
같이 만들어 주고, 결국 허용하는... 그러니까 기본적으로 그
사건을 떠나서 조선사에는 충의(忠義)라는 사상이 있었다는
것은 좀 특별한 일이죠.

윤영용   다른 나라에서는?

윤명철   다른 나라에서는... 굳이 제가 역사학자로서 다른 나라를 볼
때, 딱히 떠오르는 건 없습니다. 거의 충의(忠義)라는 하나의
이데올로기를 지향했고... 이 사건의... 국가의 거의 처음부터
끝까지 이렇게 영향을 끼치는 것은 드물지 않습니까?

윤영용   거의 유래가 없을 거예요.

윤종일   그러나 드라마상에 보면... 단종과 관련, 세조와 관련 드라마
        가 주로 한명회나... 드라마나 이런 데서 잘 다루는 것 같은
        데... 재미가 있어서 그런가...

윤영용   기록의 풍부함에 의미가 하나 있고요. 작가적인 입장에서 보
        면, 이제... 김종서라고 하는 거대한 세력이 권신 세력이 있어
        요. 왜냐하면 세종에서 문종으로 넘어 왔는데... 사실 세종 때
        문종이 한 8년 정도를 실질적으로 권좌에 앉아요. 아버지가
        대신 시키고... 불과 문종이 왕이 되어서는 얼마 안 있는 거
        거든요. 그러니까 세종 치세에 이 문종이 왕의 역할을 해요.
        둔전제... 특히 이런 저런 여러 가지 개혁적 정책을 문종이
        많이 하거든요. 그래서 왕 권력이 강해져요. 굉장히 강해지고
        그러다보니까... 문종 때 신권도 만만치 않게 강해지는데... 김
        종서라고 하는 걸출한 인물이 있고, 권력을 완전히 장악한
        상태에서... 그것을 쿠데타적으로 이루기 위해서 드라마 쓰기
        가 좋은 거예요. 한명회라는... 꾀보가... 그 다음... 그때, 당시
        에 명나라 쪽도 청주 한(韓)씨들의 왕족들이... 왕비 족이 있
        었으니까... 그들끼리의 많은 내용들이 있으니까 작가들이 쓰
        기가 편하죠. 거기까지가 이제까지의 상황이라면, 아까 윤교
        수님 말씀하신 대로 민족적 사관에서 봤을 때는 또 다른 거
        예요.

윤명철 민족사관도 그렇고... 좀 장엄하고 그러니까 크게 성공한 영화들 보면 '300'도 그렇고 '스파르타쿠스' 이런 것들 보게 되면... 우리가 그런 갈등과 이런 것이 아니라 미시적인 게 아니라 거시적 문제를 놓고 이런 걸로 우리가 승부를 봐야 되는데 한국에서는 그런 것이 전에는 적었어요.

주성숙 맞아요.

윤명철 식민 사관이 우리 역사를... 긍정적으로 보고, 스케일을 크게 볼 수가 있어요. 그 시대로 돌아가서 그 양반들이 어떤 고민을 했는가를 사례를 놓고 보게 되면, 그건... 너무 진부해요. 그러니까 우리가 제가 아까 말씀 드렸잖아요. 충(忠)과 의(義)보다... 의(義)는 충(忠)에 들어간다고 보고 충효(忠孝)로 봐요. 저는 효까지 같이 보고 있는데 이분들의 충과 효에 대한 권위. 그분들이 생각하는 충과 효를 작가들이 다시 재발굴... 리바이블 시켜서 이쪽에서 콘텐츠로 만들어서... 이걸 충효 정신을 재발굴 해주는...

윤종일 작가들이 해야...

윤영용 제가 주대표님하고 사육신 공원 내 의절사... 불이문 안에 마당이 있어요. 둘이서 추모제향을 보다보니까. 제사 아닙니까. 그때, 아까 초혼관 이야기를 했지만... 초혼(招魂) 이라고 하면, 혼을 부르는 거잖아요. 뭐가 생각이 났냐면. 추모제향하기 전 날 밤, 그 마당에서 적어도 그분들을 한번 모셔 봤으면... 그런 생각을 둘이서 한 적이 있어요. 왜냐면 그 전날 밤에... 마치 그분들이 살아오신 것처럼 공연을 하면... 얼마나 고민 되겠어요?. 여기서 걸리면.... 그러고 보면, 그런데... 그분들이... 제가 깜짝 놀란 것이 조선 관직에서 보면, 승승장구 하던 분들이에요. 말 그대로... 백촌 김문기 선생님은 공조판서에 삼군도진무예요. 장관에 합참의장격을 겸직했는데... 실세 중의 실세. 장관에 더하여 군 통수권. 그 다음... 별 다 달았고, 그 다음 남아봤자 영의정 좌의정 우의정... 정승 쪽인데... 실권은 지금이 최고잖아요. 그래서 왜 반역을 하지? 이런 생각이 들었고... 나머지 분들도 다 잘 나갈 수 있었어요. 인정받았고요. 그래요. 그런데 그런 분들이 왜 무엇 때문에 자기의 가족과 모든 걸 희생해야 해요? 왜? 단종은 12살이에요. 이미 물러났어요. 이 단종 복위 운동을 일으킬 때는 세조가 다 틀어쥐었어요. 제가 뭘 봤냐면... 이분들 임용을 누가 했나 봤더니... 단종 때에도 수렴청정을 권력을 잡아서 수양이 해요. 수양대군이. 승진 임명 다 수양이 시켰어요. 이것이 무슨 얘기냐하면 수양대군이 '같이 일하자' 무척 애썼던 기록들이 나와 있거든요. 이걸 보면, 그 기득권을 버린 거예요. 그걸 다 버리고 그 명분을 쫓아가야 되는 그 충의(忠義)는 뭐냐? 그 마음은 어떠냐? 그래서 사육신 공원 마당에서 저와 주대표와 둘이서 뭐라고 얘기 했냐하면, 그 마당에서 진짜 초혼을 해서 들어보자. 그분들의 절절한 얘기들... 그 다음에 가족 걱정 없겠어요? 아까 말씀 하셨지만 조선 왕조가 등장하면서 철두철미하게 고려 왕조를 핍박합니다. 성을 다 바꿔야 되고, 고려 때 잘나갔던 왕가는 다 죽여요. 자기네들을 제외하고... 그리고 이제 아시다시피... 태종 때, 왕자의 난부터 어마어마하게 했지 않습니까. 이런 과정을 보면, 역모를 추진한다? 이거 쉽지 않거든요. 온 가족이 당할 일들을 생각하면, 실제로 그렇게 됐고요, 그러니까 백여 명 가까운 가족치면, 그러니까 수백 명이 고통을 받게 되는데... 이런 과정을 생각해 보면, 사육신의 의미가 한국의 정신사적 의미 그 다음 오늘날도 새로운 의미로 다가오지 않을까 그렇게 생각합니다.

윤영용   오늘 이제, 순의 제564주년 기념 학술 세미나를 제1회로 개최했습니다. 코로나 19로 온 국민이 힘들고 어려운 시기, 비대면으로 이렇게 온라인을 통해서 학술 세미나를 통해서 우리가 사육신의 한국 충의(忠義) 정신 이 부분을 심도 있게 다뤄 봤습니다. 우리 교수님들께 감사드리고요. 사육신을 통해서 좀 더 충의 정신 한국인의 정신을 좀 더 넓히는 데 의미를 크게 갖는 그런 시간이 되었으면 합니다.

윤영용   사육신에 대한 평판 관리나 유네스코 등재 그리고 여러 가지 글로벌 콘텐츠로써의 개발에 대한 가능성을 본 세미나라고 생각합니다. 이렇게 결론 내리고요. 오늘 제1회 사육신 현창순의 제564주년 학술 세미나를 마치겠습니다. 참여해 주셔서... 감사드립니다.

"순의 제564주년"

死六臣 顯彰

순의(殉義) : 의(義)를 위해 죽음

현창(顯彰) : 밝게 나타냄

윤영용의 작은 이야기
"순의 제564주년"
사육신

자료정리 윤영용

한국을 대표하는 콘텐츠는 이제 한류(韓流)라 하여, K-pop을 비롯해 각 분야를 망라하며, 세계인의 감성을 자극하고 있다. 한국의 것들을 사용하고 즐기면서, 한국인을 알고 싶어 하고, 나아가 한국 것들, 한국의 역사문화를 찾는 사람들이 늘고 있다.

한국인의 정신문화적 중심 가치는 무엇일까?

한국인들이 보여주는 역사 문화적 소양의 근원은 무엇인가? 이러한 물음에 가장 쉬운 답변 중의 하나가 바로 "충(忠)과 효(孝)"다. 한국인은 충효 정신을 바탕으로 삶을 규정하는 가치관의 뿌리라고 한다. 그 충과 효는 왜 한국인에게 더 중요하게 되었을까?

조선(朝鮮)은 고려(高麗) 말 무신(武臣) 이성계(李成桂)가 세운 새로운 왕조(王朝)였다. 이성계는 조선왕조를 개국하면서, 억불(抑佛) 숭유(崇儒)를 국시(國是)로 삼았다. 새로운 왕조의 발전을 위해서는 유교(儒敎) 사상에 바탕을 둔 통치가 필요했다.

유교는 중국의 학자인 공자가 처음으로 가르침을 펼쳤기 때문에 '공교', 또는 '공자교'라고도 한다. 약 2,500년 전, 춘추전국시대. 대륙 곳곳에서는 수많은 나라들이 서로 힘을 겨루며 싸웠다. 강한 자가 약한 자를 괴롭히고, 어지러운 세상. 공자는 "바른 세상이 되려면 먼저 나라를 다스리는 자가 올바른 사람이 되어야 한다. 또 모든 이들은 자기가 갖고 싶은 것을 도리어 남에게 주고, 옳지 못한 일에 대해서는 부끄러워하는 마음을 가져야 한다."고 했다.

공자의 이런 저런 가르침을 제작들이 묶어 《논어》라는 책을 펴냈고, 사람이 살아가면서 지켜야 할 덕목을 밝힌 이 책은 유교의 최고 경전이 됐다. 그 속엔 수많은 지혜와 교훈이 담겨 있는데, 무엇보다 중요한 건 '인(仁)'의 정신. '인'은 남을 위해 베푸는 '어진 마음'이자 '사랑의 마음'이다. 이런 공자의 가르침은 맹자로 이어져 《맹자》에서는 '인'과 더불어 '의(義:의로운 마음)' 등 인의예지신 (仁義禮智信)이 강조되었다. 이것이 유교가 강조하는 통치의 이념 이었다.

이씨 조선에서 강조된 충효는 오늘날 현재까지 면면히 이어져 오고 있다. 그 충효에 대한 강조는 구한말 나라 잃은 설움과 6.25 한국전쟁을 통해 극도의 혼란 속에서 우리 사회를 지탱해야 하는 통치이념을 넘어 사회적 이념으로 자리매김한 것으로 여겨진다.

한국인 이념, 충의(忠義)의 대표적 갈등 구조 : 군신(君臣)

신하들이 배반의 싹을 아예 키울 수 없도록 통치이념 교육이 있 어야 했고, 그 교육에 임금과 신하 사이에 있어야 할 가장 중요한 충의(忠義)에 대한 논쟁은 강조되지 않을 수 없었을 것이다.

고려의 충신 정몽주는 이씨 조선에서도 충신이었을까? 이씨 조 선을 세운 이성계와 개국공신들은 고려에서 충신이었을까. 개국공신들은 이후 이씨 왕조만의 신하였는가. 고려 왕조를 배반한 이씨 왕조의 개국공신들에 대하여 이씨 왕조의 왕들은 어떤 생각을 가졌을까. 이성계와 개국 공신 이후 조선은 망하는 그 날까지 군신(君臣) 관계에서 충의(忠義)를 논쟁했다.

무도(無道)함이 극적이었던 고려 말 무신정권(武臣政權)에서 역성(易姓) 혁명(革命)으로 새로운 나라, 조선(朝鮮)을 세운 이씨 왕들에게 유교의 인의예지신(仁義禮智信)은 맨 앞에 충의(忠義)를 강조하여, 나라를 통치하는데 가장 좋은 방편으로 활용할 수밖에 없었을 것이다.

새로운 왕조의 시작점에서 무인(武人) 집안의 피가 흐르는 이씨 왕조 창업기에, 태종 이방원의 '왕자(王子)의 난(亂)'은 혼란인 동시에 왕조의 안녕을 위한 강한 통치이념(統治理念) 유학 성리학의 더 견고함이 필요했을 것이다. 창업공신들의 대다수에 무신들이 있었고, 왕권을 만든 왕자들의 사병들도 있었다. 권력을 분점(分店)할 수 없기에 무신을 경계함은 충(忠)의 이념을 기반으로 문신(文臣)들을 통해 이루어졌다.

나라를 지키는 충(忠)과 가정을 지키는 효(孝)는 무질서에 대한 질서 이념이고 이는 예와 자격들에 대한 구체적인 역할들을 갖게 한다. 혼란을 막고 일을 맡고 역할들의 기준점이 되는 것이다. 한국인의 면면에 흐르는 충효의 이념은 유교(儒敎), 유학(儒學)을 통해 조선600년을 관통해 그 역할들이 정해져 왔었다.

특히, 왕이 되기 전 고려의 신하였던 이방원은 한 왕국의 몰락과 새로운 왕조의 시작을 모두 경험하고, 국가의 존속을 위해 왕이 과감하게 해야 할 일을 정확히 알고 있었다고 본다. 특히 튼튼한 반석 위에 조선 왕조를 고려와는 다른 신세계로 만들기 위해 태종 이방원은 필요에 따라 스스로 악역을 자처했다. 물론, 동료를 죽이고, 친척과 충신들을 제거하는 그의 선택 속에는 과거 고려가 몰락했던 그 원인의 싹을 처음부터 잘라버리려는 목적이 컸다.

태종의 이씨 조선의 번영을 위한 선택, 세종

이씨 조선의 초기, 태종 이방원은 왕자들의 피투성이 싸움을 딛고 세종(世宗)이라는 성군(聖君)을 만들어, 조선 왕권을 안정시키려 했다. 다만, 세종이 첫째가 아니었다. 장자(長子) 계승(繼承)에 문제가 있었다. 훌륭한 왕재(王才)가 첫째로 순탄하게 계승되지 않을 때, 장자측보다 더 훌륭한 왕재(王才)들에게 사람들이 모여들었고, 이들은 새로운 권력을 꿈꾸곤 했다.

세종은 1397년. 당시 정안군이던 태종 이방원과 민제의 딸 원경왕후 민씨의 6남으로 태어났다. 위로는 형 양녕대군 이제, 효령대군 이보 및 세 명의 요절한 친형이 있었고, 정순공주, 경정공주, 경안공주 등 동복 친누나 세 명이 있었다. 아명은 막동이고, 후에 이름을 도(祹)로 개명하였다. 1408년 12살에 충녕군(忠寧君)에 봉해졌다. 어려서부터 독서와 공부를 좋아하였으며, 두 형과 함께 빈객으로 임명된 계성군 이래(李來)와 변계량에게 수학하였다. 그 후에는 정몽주의 문하생인 성리학자 권우의 문하에서 수학하였다. 어려서부터 책을 한시도 손에 놓지 않아 눈병과 과로로 건강을 해치기도 하여, 부왕 태종은 책을 모두 감추게 했다는 얘기가 전해진다. 그러나 어린 세종은 부왕이 숨겨 둔 책들을 찾아내어 독서를 계속하였다.

1412년 열여섯 살에 둘째 형 효령군과 함께 대군으로 진봉되었다. 대광보국 충녕대군(大匡輔國 忠寧大君)이 되었다. 그는 형제간에 우애가 깊은 인물이고, 부모에게 지극한 효자로 각인되었다. 특히 동생이며 부왕 태종의 넷째 아들인 병약한 성녕대군에게 직접 병간호를 할만큼 그 우애가 유난히 각별했다. 홍역을 앓던 성녕군이 14세로 일찍 죽었다.

충녕대군은 "임금의 아들이라면 누군들 임금이 되지 못하겠습니까"라는 한 신하의 위험한 발언을 아버지 태종에게 전해, 자신의 존재를 알리고, 세자인 이제에게 "마음을 바로잡은 뒤에 몸을 꾸미라"고 충고하기도 하여, 형 이제와의 관계를 악화시키기도 했다고 한다.

1418년 태종은 세자의 행동이 지극히 무도(無道)하여 종사(宗社)를 이어 받을 수 없다고 대소 신료(大小臣僚)가 청(請)하였다는 이유로 폐위시켰다. 동시에 충녕대군의 학문과 자질을 높이 평가하여, 황희 등 일부 신하들의 반대에도 불구하고, 같은 해 6월, 22세의 충녕대군을 새로운 왕세자로 책봉하고, 왕세자 이제를 양녕대군(讓寧大君)으로 강봉(降封)하였다.

충녕대군은 세자 자리를 계속 사양하였으나 태종은 받아들이지 않았다. 1418년 8월 8일. 태종은 왕위를 세자에게 물려주고 옛 세자궁으로 거처를 옮겼다. 충녕대군은 이를 거두어줄 것을 여러 번 청하였지만, 태종의 결심이 굳건하여 받아들여지지 않았다. 마침내

이틀 뒤인 8월 10일 조선의 제4대 임금으로 즉위한다. 태종의 뜻이었다.

그 세종이 이씨 조선 유교 정치의 기틀을 마련했다. 세종은 신분을 가리지 않고 유능한 인재를 많이 등용하여 깨끗하고 참신한 정치를 펼쳐 나갔다. 그러면서도 인사와 군사에 관한 일은 세종 자신이 직접 처리함으로써 왕권과 신권의 조화를 이루었다. 아울러 국가의 행사를 오례에 따라 유교식으로 거행하였으며, 사대부에게도 주자가례의 시행을 장려하여 유교 윤리가 사회 윤리로 자리 잡게 만들었다. 또한 《삼강행실도》, 《효행록》 등을 간행하여 유교를 장려하였다.

성군 세종에게 잘난 왕세자, 문종 단명과 세손 걱정

문종은 세종 집권기 왕세자로서 뛰어난 재질을 보였고, 효자(孝子)였다고 한다. 유교(儒敎)에서 장례(葬禮)는 중요한 의전(儀典)이었고, 문종은 세종과 어머니 시묘(侍墓)로 몸을 상하였다고 한다. 예(禮)를 다하다가 몸이 약해지고, 결국 단명하고 만다.

문종은 세종과 소헌왕후의 장자였다. 1421년 8살의 나이에 왕세자로 책봉되었다. 1429년 세자빈과 가례를 올렸으나 첫 번째 세자빈인 휘빈 김씨는 문종의 사랑을 얻으려 온갖 잡술을 이용하다가 발각되어 폐위되었고, 이후 간택 된 두 번째 세자빈 순빈 봉씨는 폭력적이고 동성애적인 기질로 나인 소쌍과 동침하여 자질에 문제가 있다는 지적으로 인해 폐위되었다.

이후 승휘 권씨를 세자빈으로 맞이하였으나 세자빈 권씨는 1441년 단종을 낳은 지 하루 만에 산고로 인하여 죽고 말았다.

문종은 어렸을 때부터 인품이 관대하고 후하여 누구에게나 좋은 소리를 들었으며 학문을 무척 좋아했을 뿐만 아니라 세계 최초의 정량적 강우량 측정기인 측우기를 발명할 정도로 천문학과 산술에 뛰어난 능력을 보였다고 한다.

1421년부터 1450년까지 29년간 왕세자로 지내는 동안, 문신과 무신을 골고루 등용하였으며, 언관의 언론에 대해 관대한 정치를 폄으로써 언론을 활성화해 민심을 파악하는 데 힘쓰는 등 아버지 세종의 정치를 곁에서 훌륭하게 보필하였다고 한다.

1442년부터 세종이 병상에 누워 국정을 다스릴 수 없게 되자, 세종을 대신하여 8년간의 대리청정 기간 동안 국사를 처리했다. 1450년 음력 2월에 세종이 승하하자 그 뒤를 이어 왕으로 즉위하였다. 이미 대리청정을 한 덕분에 공백 기간 동안 정사 처리에 문제가 없었다.

1450년 3월에 즉위하여 바로 명나라에 책봉 주청사를 보냈고, 그해 음력 5월 명나라로부터 책봉 고명을 받아 정식 국왕으로 즉위하였다고 한다. 문종은 재위 기간 동안 언론의 활성화와 역사책 편찬, 병법의 정비 등의 업적을 남겼으며, 유연함과 강함을 병행하는 정치를 실시하려고 했다.

문종은 6품 이상까지 윤대를 허락하는 등 하급 관리들의 말도 빠짐없이 경청하는 등 열린 정책을 펴는 한편, 《동국병감》, 《고려사》, 《고려사절요》 등을 편찬하였다. 문종은 역사와 병법을 정리함으로써 사회 기반을 정착시키고 제도를 확립하고자 하였다. 문종은 왕세자 시절에 진법을 편찬했을 만큼 국방에도 관심이 많아서 병력 증대를 통해 병법의 정비와 국방의 안정을 꾀하려 하였다. 또 태종 때 만들었던 화차를 새롭게 개발하여 혹시나 있을 전쟁과 국방에 대비하고자 하였다.

그러나 아버지 세종과 어머니의 삼년상을 연속적으로 치르는 바람에 건강이 급속도로 악화되어 세종의 고명대신(顧命大臣)이었던 김종서가 잠시 섭정을 맡았다. 그러다가 결국 즉위한 지 2년 3개월 만인 1452년 음력 5월에 39세를 일기로 경복궁 천추전에서 승하하였다.

단종의 할아버지 세종은 생전에 문종을 염려하여, 병석에서도 자신은 죽음이 얼마 남지 않았으며, 당시 세자였던 문종 역시 병약하였기 때문에, 오래 살지는 못할 것이라는 예상을 하고, 집현전 학사들을 불러 세손, 즉 훗날 단종의 앞날을 부탁하였다. 이 단초가 훗날 사육신의 시작이 되었을지도 모른다. 성군 세종의 부탁. 충의(忠義)는 그렇게 시작되었을 것이다.

단종의 즉위, 그 비극의 서막(序幕)

세종대왕(世宗大王)은 위대한 성군(聖君)이었다. 백성을 지극히 사랑하여 훈민정음을 만들고 집현전에서 빼어난 인재들을 모아 학문을 일으키고 과학과 음악까지 크게 발전시켰다. 북방 육진을 개척하여, 강토를 넓히고 왜구의 소굴인 대마도를 정벌하여 나라를 평안하게 하였다. 적장(嫡長) 승통(承統) 대경대법(大經大法)도 마련하여 일찍이 큰 아들 향(珦)으로 왕세자를 삼았다. 세종23 (1441년) 7월 23일 단종(端宗)께서는 기구한 운명을 품고 왕세자 향의 외아들로 태어났다. 세종대왕은 왕세손으로 책봉하였다. 세종이 어린 단종을 안고 집현전(集賢殿)에 납시어 성삼문(成三問) 등 한글제작에 공이 큰 여러 학사에게 잘 보좌할 것을 부탁하였다고 야언(野言)에 전하기도 한다. 그만큼 어린 왕세손의 앞날이 두려운 그 무엇인가가 있었을 터다.

1450년 세종대왕께서 붕어(崩御) 하셨다. 뒤를 이어 왕세자가 왕위에 오르니 문종(文宗)이다. 문종은 성품이 어질고 학문을 좋아했다. 문종이 왕위에 오르자 단종을 왕세자로 책봉하였다. 1452년에 문종이 죽었다. 재위 2년 5개월 만에 39세의 나이로 일찍 세상을 떠난 것이다.

단종이 12세의 어린 나이로 왕위에 올랐다. 단종의 모후(어머니) 현덕왕후는 세종 때 단종을 낳고 그 이튿날 죽었다. 단종은 실지로 고아였다. 단종은 나이는 어려도 판단이 정확하고 대담한 점도 있어 장차 현군이 될 자질이 있었다고 한다. 그러나 나이가 어리고, 고독한 단종의 틈을 엿보는 숙부들이 너무 강성하였다.

세종의 아들 대군 중 둘째 숙부인 안평대군(安平大君) 용(瑢)은 주로 문인들의 세를 얻고 있어 그리 위험한 뜻이 보이지 않았다. 그러나 첫째 숙부인 수양대군(首陽大君)은 본인도 무재(武才)가 있고, 야심도 있어서 평소 무인들을 가까이하고, 사병도 양성하는 등 지극히 위험한 인물이었다. 그는 명나라에 사신으로 갔을 때 어린 조카의 제위를 찬탈한 영락제(永樂帝)의 사적을 직접 보고 왔다고도 했다. 또 문종 2년 8월에 수양대군의 집의 솥이 스스로 소리를 냈는데, 비파(琵琶)라는 무속인이 이와 관련하여 수양대군이 39세에 등극할 것이라는 예언을 한 바 있어서 더욱 왕좌를 노리는 야욕을 드러내고 있었다.

세종과 문종, 그리고 세손 단종과 숙부

한국의 대표적인 충신(忠臣) 이야기로 알려진 사육신은 조선 초기 조선왕조 최고의 성군이라 불리는 세종의 아들 문종과 그 동생 수양대군 그리고 단종 때 어떤 신하들의 충의(忠義)에 대한 이야기다.

세종과 문종이 다져놓은 유교적 통치이념이 자리를 잡은 상황에

서, 어린 왕, 조카 단종 그리고 숙부 수양대군처럼, 혼잡하던 주
(周 : BC 1111경~255) 초기에 국가의 기반을 다지고 충의(忠義)
의 상징처럼 유교적으로 유신(儒臣)들에게 있어 칭송받는 사람이
있다. 그의 이름은 주공(周公).

유교에서 공자(孔子)가 극찬하는 인물. 성은 희(姬), 이름은 단
(旦). 공자는 그를 후세의 중국 황제들과 대신들이 모범으로 삼아
야 할 인물로 격찬했다.

주공(周公)은 주를 창건한 무왕의 동생으로 무왕의 권력 강화를
도왔다. 무왕이 죽자 주변의 유혹을 뿌리치고, 무왕의 어린 아들
성왕을 보좌해 통치기술을 가르치고 반란군을 제압해 정권의 안정
을 도왔다. 7년 동안 섭정한 후 스스로 자신의 지위에서 물러날
때쯤에는 주의 정치·사회 제도가 중국 북부 전역에 걸쳐 확고히 수
립되었다. 그가 확립한 행정조직은 후대 중국 왕조들의 모범이 되
었다.

주공과 비슷한 입장. 세종대왕과 소헌왕후 심씨의 둘째 아들이
있었다. 문종의 동복동생. 안평대군 용, 금성대군 유의 친형이며
단종의 숙부다. 수양대군(首陽大君)은 김종서를 제거한 1453년부

터 1455년까지 조카 단종 대신 섭정하였다.

조선 왕조에서 최초로 반정(反正)을 일으켜 집권한 지도자로, 말 타기와 활쏘기를 즐겨 했고, 역대병요 등을 편찬할 때 만난 권람 등을 통해 한명회를 소개받고, 이미 문종 때 한명회를 통해 신숙 주, 정창손, 정인지, 김질 등의 집현전 학사들을 포섭하여 조정을 장악해 나갔다.

왕자 시절 월인석보와 역대병요 등의 편찬에 참여했다. 세종 사 후 왕권을 위협하는 유력주자로 지목되던 중, 1453년(단종 1년) 계유정난으로 안평대군, 김종서를 죽이고 스스로 영의정부사에 올 라 전권을 장악한 뒤, 스스로 정난공신 1등관에 녹훈하였다. 1455 년 조카 단종으로부터 명목으로는 선위의 형식으로 즉위하였으나, 훈신들의 압력에 의한 단종의 강제 퇴위였고, 이는 이후 생육신, 사육신 등의 반발과 사림 세력의 비판을 초래하였다.

단종 복위 운동을 진압하고, 사육신과 그 일족을 대량 숙청하였 으나, 후일 죄를 뉘우치고, 불교에 귀의하였다. 사육신 등의 대량 학살로 구(久) 공신 세력이 강성해지자 재위 말년에는 구성군 이 준 등의 신(新) 공신을 등용하여 균형을 유지하려 했다.

생애 후반, 그는 악몽과 피부 질환에 시달렸다고 한다. 1468년 9월 22일(음력 9월 7일)에 예종(睿宗)에게 왕위를 물려줬다.

조선왕조실록 기록의 비밀과 그 가치

조선시대 제1대 왕 태조로부터 제25대 왕 철종에 이르기까지 25대 472년간의 역사를 연월일 순서에 따라 편년체로 기록한 역사서. 1,893권 888책. 필사본·인본. 정족산본과 태백산본 등이 일괄적으로 국보 제151호로 지정되었다. 그리고 1997년에는 훈민정음과 함께 유네스코 세계기록유산으로 등록되었다.

이 놀라운 조선왕조실록은 일시에 편찬된 사서가 아니다. 대대로 편찬한 것이 축적되어 이루어진 것이다. 대체로 왕이 승하하면 다음 왕 때에 임시로 실록청(實錄廳)을 설치하여 전왕대의 실록을 편찬했다.

실록 편찬 시 이용되는 자료는 정부 각 기관에서 보고한 문서 등을 연월일순으로 정리하여 작성해둔 춘추관 시정기(春秋館時政記)와 전왕 재위시의 사관(史官)들이 각각 작성해둔 사초(史草)를 비롯하여, 『승정원일기』·『의정부등록』 등 정부 주요 기관의 기록과 개인 문집 등이었다. 후세에는 『조보(朝報)』·『비변사등록』·『일성록』 또한 중요 자료로 추가되었다.

이 가운데에서 특기할만한 자료는 사관의 사초이다. 사관은 넓게는 춘추관 관직을 겸임한 관원이 모두 해당되었다.

전임 사관들은 품계는 비록 낮았지만 청화(清華)한 벼슬로써 항상 궁중에 들어가 입시(入侍)하였다. 그리고 임금의 언행을 비롯하여 임금과 신하가 국사를 논의, 처리하는 것과 정사(政事)의 득실(得失) 및 풍속의 미악(美惡)과 향토(鄉土)의 사정(邪正) 등을 보고 들은 대로 직필하여 사초를 작성하였다. 사관(史官)은 그래서 왕조(王朝)를 경험하는 자리이기도 했다. 젊은 공직자들의 숙성과정은 왕과 신하, 그리고 왕국의 기록이기도 했다. 일반적으로 실록은 그 보관과 유지가 철두철미했으며, 일반인들의 접근이 불가능에 가까웠다.

조선왕조실록은 정치, 경제, 사회, 문화 그리고 천재지변 등 다방면의 자료를 수록한 종합사료로써 가치가 높다. 일본, 중국, 월남(베트남) 등 유교문화가 퍼진 곳에는 모두 실록이 있는데 편찬된 실록은 후손 왕이 보지 못한다는 원칙을 지킨 나라는 조선왕조 뿐이라고 한다. 이 원칙의 고수로 조선왕조실록은 기록에 대한 왜곡이나 고의적인 탈락이 없어 세계 어느 나라 실록보다 내용 면에서 충실하다. 권수로 치면 중국 명 실록이 2900권으로 더 많으나, 실제 지면수로는 조선왕조실록이 이보다 훨씬 많아 분량 면에서 세계 제일이다. 일본, 중국, 월남의 다른 실록들은 모두 당대 만들어진 원본이 소실되었고 근현대에 만들어진 사본들만 남아 있으나 조선왕조실록은 세계에서 유일하게 왕조 시기의 원본이 그대로 남아 있다.

인류역사문화재로써 최고의 기록물 가치가 있는 조선왕조실록을 통해 우리는 사육신(死六臣)의 충의(忠義) 정신과 그 비밀스러운 이야기들을 바로 찾아볼 수 있게 되었다.

조선왕조실록에서의 사육신(死六臣), 정사에 빛나다.

단종실록은 세조 때 작성되었을 것이다. 단종실록에서 세조실록에 기록된 사육신 관련 자료들을 미세하게 살피면 가히 드라마적 요소들을 풍부하게 가지고 있다. 그래서 조선이후 한반도 남북한의 다른 체제하에서도 사육신 소재의 드라마와 영화, 소설 등이 많다.

세조는 당대에 이미 후회했다. 역사적 비판을 이미 알고 있었을 것이다. 주공(周公)의 멋진 행보가 없더라도 성군 세종과 문종 그리고 조선 초기 왕권의 안정을 꾀했던 수많은 신하들이 보고 있었다.

세조 수양대군 측의 계유정난은 권력을 잡기 위한 쿠데타였다. 문제는 단종의 나이. 단종이 성장할수록 권력의 거리가 멀어져야 하는 수양대군은 급했다.

단종실록, 수양대군의 쿠데타

수양대군은 단종이 나이를 더 먹기 전에, 그리고 다른 경쟁자들의 기선을 제압하기 위하여 거사를 서둘러야 했을 것이다. 그는 단종 원년(1453)부터 단종의 측근을 약화시키기 위하여 혜빈 양씨를 견제하기 시작했다.

수양대군은 먼저 단종 왕위의 대들보 역할을 하고 있는 좌의정 김종서(金宗瑞)를 암살하는 것부터 시작하였다. 김종서는 문과(文科)에 급제한 유신(儒臣)이지만 문무(文武) 겸하였다. 세종 때 함길도절제사로서 그곳에 육진(六鎭)을 개척한 명장이다. 그는 세인들에게는 호랑이로 불리던 장군으로 충성을 다하여 단종을 보좌하고 있었다. 수양대군은 그리고나서 함길도경성부사인 이경유(李耕誤)가 함길도(후일의 함경도)에서 무기를 배에 싣고 서울로 운반하였다는 등의 거짓 이유를 들었다.

단종이 있는 곳에서 군 최고직인 도진무 김효성과 국방차관격인 병조참판 이계전과 상의하였다. 그리하여 왕명을 증명하는 명패(命牌)를 내어 재상들을 불렀다.

궁문 옆에 암살자들을 숨겨놓고, 들어오는 영의정 황보인(皇甫仁)을 비롯하여, 재상인 이양(李穰 찬성) 등 신하들을 죽였다. 또 사람을 보내어 민신(閔伸 이조판서) 등을 암살하였다. 그리고 이들의 목을 베어 장대에 높이 매달아 내걸었다.

수양대군은 결국 자신의 친동생이자 경쟁자로 생각한 안평대군 용(瑢)을 붙잡아 강화도에 귀양 보냈다. 관련자들의 목도 베었다.

다수를 먼 지방으로 귀양을 보냈다. 그리하여 단종의 왕위를 빼앗는 첫 단계, 계유정난은 성공하여 수양의 섭정이 시작되었다.

수양대군은 영의정 겸 판이병조사(判吏兵曹事)에 전국의 군총사령관인 팔도병마도통사가 되었다. 스스로 총리와 인사권이 있는 내무·국방 양 장관을 겸직하고, 국가 권력을 장악한 뒤 조정 일들을 모두 관장하였다. 사실상의 국왕의 권한을 가진 것이다.

그리고 수양대군의 측근 인사들이 조정의 요직을 모두 차지했다. 단종 2년 3월에는 집현전, 경연, 예문관(藝文館), 춘추관(春秋館), 서운관(書雲觀) 등 학문기관의 수장(首長)까지 겸하였다.

영의정, 좌의정, 우의정 등이 역모를 한다? 권력을 이미 가지고 있는 삼정승이? 왕이 아닌 이상 더 이상 높은 권좌가 없는 사람들이... 힘없는 단종을 앞두고. 어린 단종이 편하지 안평대군을 모시고?

역모 증거도 없었다. 함길도에서 경성부사 이경유가 무기를 수송했다고 하나 함경북도 변방에 있는 작은 고을에서 역모의 무기를 얼마나 어떻게 수송해서 역모를 한다는 것인가? 사실이었다면 실록에 구체적으로 누가 어떻게 얼마나 어디서 어디로 수송했다고, 다 기록이 있었을 터. 말만 무성했다.

그렇게 수양대군은 단종 주변을 정리하고 권력을 다 틀어쥐었다. 어린 단종이 왕위에 있어서 약화된 왕권을 강화하기 위해 정난(靖亂)을 일으킨 것이라고 했다. 그러나 실상은 세종과 문종의 명과 유언에 따라 어린 단종을 보위하는 세력과 찬역의 경쟁자로 생각한 안평대군 세력의 제거였다.

이 때 성삼문, 박팽년, 하위지, 이개, 유성원, 박중림 등은 수양대군에 속아 안평대군, 허후 등의 처벌을 주청하기도 하였으므로 정변 초기 수양대군은 이들을 단종의 보위세력으로 생각하저 않은 것 같다.

수양대군은 무예를 즐겼다. 오래 전부터 무사를 기르고 책사(策士)를 식객으로 두었다. 찬탈을 꿈꾼 것이다. 왕의 권한을 스스로 행사하고 단종을 무력화 했다. 어린 단종이 더 이상 성장하고, 권력을 움직일 수 있도록 기다릴 수는 없었을 것이다.

기록에 수양대군은 정난공신(靖難功臣) 명단을 발표했다. 모두 43명. 수양대군, 정인지, 한명회, 권람 등 12명이 1등공신이다. 신숙주, 홍윤성 11명이 2등공신이다. 이홍상등 20명이 3등공신이다. 이 3등 공신에 성삼문이 끼었다. 성삼문을 3등 공신에 넣은 것은 이해하기 어렵다. 이것은 수양대군의 쿠데타를 지지하여서인가 포섭하기 위한 것인가.

후자일 가능성이 높다고 한다. 사헌부에서 같은 해 11월 18일, 정난공신으로 발표된 자 중 '공이 없이 공신이 된 자'가 있다고 아뢰었다. 그러자 그 이튿날 사간(司諫 ; 왕의 잘못을 간하는 종3품 벼슬)인 성삼문등이 "공(功)없이 공신(功臣)이 되었습니다. 공신호(功臣號)를 취소해주십시오"라고 아뢰었다고 했다. 그러나 허락하지 않았다고 한다. 박중림은 형조판서로 승진시키고, 후일 사육신으로 추앙받는 하위지(河緯地)를 좌사간(左司諫)으로, 성삼문을 우사간(右司諫)으로, 이개를 수사헌부집의(守司憲府執義 ; 종3품의 감찰관)로 임명하고, 후일 세 운검(雲劍) 중의 한분인 유응부(兪應孚)를 평안도절제사(평안도지방 군사령관)로, 박쟁(朴崝)을 충청도 처치사(壞置便; 충청도해역 수군사령관)로 임명하였다. 수양대군이 이 사람들을 포섭하려는 뜻이 있었으리라고 본다.

함길도, 조선 무인들의 뿌리

이성계 군(軍)의 뿌리는 함길도다. 함길도는 조선 초기 조선과 명나라 그리고 여진족이라는 긴장 관계가 자리 잡고 있었다. 태종 때는 여진족이 8차례에 걸쳐 조선을 침범했고, 세종 때에는 그 횟수가 30회로 늘어났다.

이처럼 14세기 후반부터 15세기 초반까지의 여진족은 자신들에게 당근과 채찍을 구사하는 조선과 명나라 양국에 맞서, 때로는 책봉을 받아들이고 또 때로는 군사작전을 감행하기도 했다. 거기 조선의 여진족 접경지가 바로 함길도였고 그래서 가장 강력한 주둔군과 장수들이 있어야 할 곳이었다.

세조 때 기록되어진 단종실록, 반 수양 인물이 있어

기록에 단종의 보위세력인 대신들이 화를 당하는 와중에 법무차관격인 형조참판 김문기(金文起)가 사직하기를 원하는 사직소를 올렸다. 그러나 같은 달 13일 반려되었다.

앞서 김문기가 수양대군을 만났을 때 수양대군이 함길도 병기 반출사건에 대해 물었다고 한다. 김문기는 "지난해 가을에 함길도 병영 무기고 북쪽 벽을 도적이 헐고 들어와서 병기를 훔쳐 갔다고 들었을 뿐"이라고 답하였다고 기록되어 있다.

경성부사 이경유가 함길도절제사 이징옥과 짜고 무기를 함길도에서 서울로 운반하였다는 수양대군의 주장을 부인한 것이다. 그리고 수양대군의 쿠데타에 협조하는 발언을 하지 않았다.

결국 같은 달 17일 정인지가 백관을 거느리고 사건 당시의 함길도감사(監司; 현도지사)였던 김문기와 함길도도사(都事; 도의 감찰 업무를 담당하여 감사를 보좌하는 벼슬) 권수(權需)도 역적의 한 패당(牌黨) 입니다. 법에 따라 처단하소서."라고 아뢰었다. 그러나 허락하지 않았다.

사헌부의 연이은 공격이 있었다. 다만, 단종이 아니 그 뒤에 수렴청정 중인 수양대군마저 이를 허락하지 않았다.

기록에 의하면 단종 원년 10월부터 연일 수양을 반대하는 인물로 지목되어 위기에 빠진 사람이 김문기였다. 후일 단종복위 운동을 한 사람들 중에 초기부터 유일하게 수양 반대 인물로 지목되었던 사람이다.

단종원년 10월 25일, 함길도절제사였던 이징옥이 후임으로 함길도에 도착한 박호문을 죽이고 반란을 일으켰다. 이언과 김계우가 김문기의 국문을 청한 때였지만 전에 함길도감사를 지낸 김문기가 함길도 도민의 민심을 얻었고, 이징옥을 당할 사람은 문무를 겸전한 김문기가 제일이라고 하여, 수양 반대 인물로 지목된 김문기를 함길도절제사로 임명하여, 즉시 출발하게 하였다. 이로써 김문기는 위기를 모면하였다.

또 사간원에서 김문기를 함길도절제사로 임명한 것이 부당하다고 간하였지만 수양대군은 스스로 전국 군 총사령관격인 중외병마도통사로 직위하고, 김문기를 함길도로 보낸 것이다. 10월 27일, 뒤늦게 함길도에서 연락이 왔다. 10월 19일에 이미 이징옥이 피살되었다는 보고가 조정으로 들어온 것이다. 김문기가 함길도절제사에 임명되기 전에 이미 이징옥의 난은 끝났었다.

하지만 이런 기록들로 새롭게 알게 된 것이 있다. 김문기는 훗날 단종 복위 운동을 한 사람 가운데 유일하게 애초 수양대군을 반대한 인물이라는 사실을 알 수 있다. 그럼에도 조선 군대의 주요 주둔지였던 함길도의 절제사를 역임했다. 수양대군에 의해서. 이는 훗날 전 조선 군대를 주무르는 삼군(三軍) 도진무(都鎭撫) 직책을 수양대군에 의해 제수 받은 것으로 특이한 현상이 아닐 수 없다.

수양대군은 자신 일을 반대한 사람에게, 삼군의 지위권을 줬다. 문무를 겸한 사람을 특히 좋아했고, 천하제일의 궁수였던 태조가 되살아왔다던 얘기를 듣던 수양대군이었다. 당시 효심이 깊었다 하고, 학식이 박학했으며, 언변이 웅장했고, 특히 말타기와 활쏘기에 능해 문무에 밝았다는 기록이 있는 김문기. 세종대왕과 문종이 총애했던 인물. 나이 어릴 때부터 사람 모으기 좋아했던 수양대군은 그를 내심 좋아한 것이 아닌가 싶다. 어쩌면 계유정난 공신첩에서 보이고 훗날 사육신 고문 때 세조가 직접 밝힌 것처럼 수양대군은 이들의 마음을 얻고 싶었는지도 모르겠다.

절대 반역하지 않을 사람들을 반역자로 몰아서 왕위찬탈

단종을 물러나게 했다. 단종실록에 1455년 5월 26일. 계양군 증과 윤암이 수양대군에게 금성대군(錦城大君) 유(瑜)와 혜빈 양씨와 화의군 영(和義君 瓔 ; 세종의 왕자)을 제거할 것을 건의하였다.

금성대군은 수양대군의 친동생이다. 혜빈 양씨는 세종의 후궁으로 단종을 기른 사람. 상궁 박씨(尙宮 朴氏)도 단종을 돌본 사람이다. 한남군, 영풍군 전(瑔)은 혜빈 양씨의 소생으로 세종의 왕자이다. 이들은 하늘이 두 쪽 나도 단종에 반기를 들 사람들이 아니었다. 그런데도 수양대군과 한확 등 그의 무리들이 이들이 모반하였다면서 처벌을 강하게 요청하였다. 그리하여 혜빈 양씨는 청풍에, 상궁 박씨는 청양에, 금성대군은 삭영에, 한남군 어는 금산에, 영풍군 전은 예안에, 영양위 정종은 영월에 귀양 보내졌다.

보호자들을 귀양 보내고, 수양 일파는 계속 공포 분위기를 조성하였다. 나이 어린 단종은 숨이 막히도록 조이는 숙부 수양대군의 겁박을 도저히 견딜 수 없었다. 살 수 없는 지경. 살고자 왕위를 내주어야 했다.

그 후 세조 원년 11월 초8일에 혜빈 양씨 등은 모두 교수형을 집행 당했다. 나머지는 모두 관노를 만들어 단종을 보호하는 분들을 모두 제거한 것이다. 이들은 단종에게 역모를 한 것이 아닌 단종의 보호자들이었다. 그들을 제거한 후에 단종의 양위가 이루어지고, 그 후 즉시 이들을 죽였다는 것으로 미루어 수양 일파의 의도적이고 계획적인 제거가 아닐 수 없다.

세조는 단종이 국가대사를 위하여 자진하여 왕위를 세조에게 양보한 것으로 위장하기 위하여 단종과 함께 사냥을 다녔다. 또 명나라에 예조판서 김하를 보내어 양위를 설명케 하였다. 찬위에 일등 공신인 신숙주를 단종의 사신(使臣)으로 위장하고, 권남을 세조의 사자(使者) 자격으로 해서 명나라에 함께 보냈다. 그리하여 단종이 스스로 국가대사를 위하여 나라에 공이 큰 어진 숙부에게 왕위를 양보하였다는 글을 단종이 명나라 황제에게 올리는 것으로 위계를 썼다.

단종 복위 운동과 사육신 태동

세조가 왕위를 찬탈한 후, 가뭄과 폭풍우가 잦았다. 혜성도 자주 보여 민심이 흉흉하였다. 벽서와 난언(亂言) 반역과 모반을 한다는 고발들도 있었다. 벼슬을 버리는 사람들도 있고. 세조의 찬위에 분개한 것들이 조금씩 드러났다. 세조 측은 단종이 살아 있는 것이 부담되었을 것이다.

세조 원년 윤6월에 세조가 찬위를 한 후, 하위지는 예조참판이 되었다. 또 그 다음 달인 7월에 김문기가 공조판서가 되어 서울에 돌아왔다. 그리고 8월에는 박팽년이 예문관제학이 되어 왔다. 성삼문은 세조찬위 때 이후 계속 승지로 서울에 있었다. 이개와 유성원도 세조가 단종의 왕위를 뺏을 때 이후 계속 서울에 있었다. 성승, 유응부, 박쟁도 서울에 돌아왔다. 그리하여 단종 복위 운동의 핵심적 인물들이 서울에 다 집결한 것이다.

수양대군의 기만전략에 속아 그를 도왔던 박중림, 성삼문, 하위지, 이개, 유성원도 차츰 수양대군의 역심을 간파하게 되었다. 그리고 수양대군이 결국 찬위에까지 이르자 분개심이 치솟았다. 이개가 먼저 주장하여 세조 원년 겨울부터 단종 복위운동을 시작하였다.

박팽년의 아버지 박중림과 김문기는 친척이고. 박팽년과 김문기는 아주 친하게 지냈다. 성삼문과 이개와 유성원은 김문기와 같이 충청도 출신이다. 유성원, 박팽년, 성삼문, 하위지, 이개는 중시(重試) 동기이거나 같이 집현전 학사 출신이었다. 이런 저런 인연 등으로 이들은 쉽게 동지적 관계를 갖게 되었다.

단종은 왕위를 빼앗기고 창덕궁에 입주해 있었다. 세조 측 한명회의 꾀로 금성대군의 옛집으로 왕래케 하였다. 이는 단종이 좁은 길을 걸을 때, 힘 센 자를 시켜 단종을 시해하려는 음모가 있었다는 의혹이 일었다. 세조는 단종을 모시는 시종의 수를 줄이고 시종들의 출입을 제한했다. 세조는 단종의 감시를 엄중하게 해야 했다.

조선 충절의 대표적 상징이 되는 역사적 모의 상황 전모

세조 원년 10월에 신숙주와 권람이 명나라에 사신으로 갔으므로 명나라 황제가 신왕을 승인하는 문서를 전달할 사신이 올 것이었다. 그 사신 환영연 자리에서 사열 의장 때 쓰이는 운검(雲劍)을 시켜, 세조를 처리하고, 단종을 복위, 모시기로 하였다.

그리하여 명나라의 사신이 단종과 세조 때의 진실을 알고 명나라로 가도록 계략을 정하였다. 운검(雲劍)은 왕이 납실 때, 2품 이상의 무관이 큰 칼을 차고 시립하는 직책이다. 명나라에 갔던 신숙주와 권람이 세조 2년 2월에 돌아왔다. 그 성과는 명나라에서 새로운 조선의 왕 세조를 승인한다는 내용이었다.

명나라 사신이 왔다. 4월 20일에 입경했다. 거사의 핵심은 거사 동지 중에서 운검할 사람을 뽑게 하는 것이었다. 명나라의 사신을 환영하는 연회에는 세조만이 아니라 상왕인 단종도 참석할 예정이 므로 2인의 운검이 필요하였다.

다행이 김문기가 삼군도진무이고 성삼문이 왕의 병사담당 비서 관인 좌부승지(左副承旨)여서 세 분 운검이 선발됐다. 두 사람의 노력으로 성삼문의 아버지로 정2품 지중추원사인 성승(成勝)과, 김문기가 도감사로 있을 때 함길도내의 경원부부사로 있던 종2품 인 동지중추원사 유응부와, 김문기가 공조판서로서 그 밑에 공조참 의로 데리고 있던 동지중추원사인 박쟁이 운검으로 뽑힌 것이다.

연회일이 6월 1일로 정해졌다. 김문기의 주재로 성삼문과 박팽 년 3인이 작전회의를 하였다. 연회장 안에서의 일 즉, 세 명 운검 을 시켜 세조를 시해하고 단종을 복위시키는 일은 성삼문과 박팽 년이 분담하고 세조편의 군대가 저항하는 경우는 김문기가 도진무 로서 밖에 있는 병력들을 동원하여 진압하기로 하였다. 이 모든 분 담은 김문기가 정하였다고 한다.

세조실록」 세조 2년 6월 병오일조를 보면 다음과 같은 기록이 있다.

文起與朴彭年爲族親且密交, 文起時爲都鎭撫, 與彭年、三問謀曰: "第汝等在內成事耳。 我在外領兵, 雖有違拒者, 制之何難?"

김문기(金文起)는 박팽년과 족친(族親)이 되었고, 또 친밀히 교제하였는데, 그때 김문기가 도진무(都鎭撫)가 되었으므로 박팽년·성삼문과 함께 모의하기를, "그대들은 안에서 일이 성공되도록 하라. 나는 밖에 군사를 거느리고 있으니, 비록 거역하는 자가 있다 한들 그들을 제재하는 데 무엇이 어렵겠는가?" 하였다.

삼군도진무는 오늘날 합참의장 격으로 왕 옆에 항상 있어야 한다. 하물며 명나라 사신이 온 그 날. 조선 군대의 병권 사용의 실제적인 수장이다. 그런 김문기의 역할과 위상은 바로 단종 복위운동, 거사의 핵심이 아닐 수 없다. 병권 운용을 쥔 사람이 주도하였으니... 이개가 사람을 모으고, 거사는 김문기 주도로 박팽년과 함께 성삼문과 모의했다.

세조실록 세조 2년6월 정미일조의 사면령(赦免令) 교서(敎書)에 의하면, 단종 복위 운동사건 전모(全貌)를 다음과 같이 기술하고 있다.

　"근자에 또 여당(餘黨) 이개(李塏)가 흉악한 마음을 품고 감정을 풀고자 하여 난(亂)을 일으킬 것을 주장하고, 그의 도당인 성삼문(成三問)·박팽년(朴彭年)·하위지(河緯地)·유성원(柳誠源)·박중림(朴仲林)·김문기(金文起)·심신(沈愼)·박기년(朴耆年)·허조(許慥)·박대년(朴大年)이 같은 악당으로 서로 선동하여, 장신(將臣)인 성승(成勝)·유응부(兪應孚)·박쟁(朴崝)·송석동(宋石同)·최득지(崔得池)·최치지(崔致池)·이유기(李裕基)·이의영(李義英)·성삼고(成三顧) 등과 비밀히 결탁하여 우익(羽翼)을 삼고, 권자신(權自愼)·윤영손(尹令孫)·조청로(趙淸老)·황선보(黃善寶)·최사우(崔斯友)·이호(李昊)·권저(權著)와 연결하여 몰래 궁금(宮禁)에 연통하고, 안팎에서 서로 호응하여 날짜를 정해 거사(擧事)하여서 장차 과궁(寡躬)을 위해(危害)하고, 어린 임금을 옹립하여 국정을 제 마음대로 하려고, 흉포한 모략과 간악한 계략을 꾸며 그 죄역(罪逆)이 하늘을 뒤덮었다."

　위 문장에서 거사의 주장은 이개, 그리고 주어로 '성삼문, 박팽년, 하위지, 유성원, 박중림, 김문기, 심신, 박기년, 허조, 박대년' 즉 이 문신들이 성승, 유응부, 박쟁, 송석동등 장신(將臣 : 무신)들

150

을 우익(右翼:보좌진)으로 삼아 거사했다는 것이다. 유교의 나라 조선에서 문과를 급제한 엘리트 유신(儒臣)들이 장수들을 모아 역모를 했다는 기록에서, 또 어린 선왕 복위를 목적으로 이루어졌음을 강조하여 후대 유교 성리학적 회복의 근거가 되게 했다. 역성(易姓) 혁명이 아닌 충절, 충의 행위였음이 강조되었다고 본다.

억지로 빼앗긴 선왕의 복위 운동과 충절은 '왕이 된 자', '항상 빼앗길 위험에 처한 가진 자' 즉 당대 왕들에게 '충신이란 이런 것이다.' 그리 말하고 싶은 사람들이 된다. 왕들이 사랑하고 싶은 신하들. 성군 세종의 사랑을 받았던 집현전 등 유신들이 중심이 되어서 복위를 모의한 거사는 그렇게 오늘날 사육신이 유교 성리학의 나라 조선의 대표적인 충신으로 자리매김을 한 시작인 것이다.

세조실록에 육신(六臣)이 있어

세조는 허후(許詡)가 단종 복위 운동사건 때까지 살아 있었더라면 육신(六臣)이 칠신(七臣)이 되었을 것이라고 말하였다고 한다.

光廟聖教, 若曰: 若使許詡在者, 六臣當爲七臣。

세조가 말하기를 만일 허후가 살아 있었다면 육신이 마땅히 칠신이 되었을 것이다.

(정조실록 14년 2월 경오(庚午)일조)

그리고 이 육신 얘기는 정조실록만이 아니라 정조의 문집인 홍재전서와 국조인물지, 고사대전, 전고대방 등에도 기술되어 있다.

허후는 문과에 급제하고, 계유년 수양대군의 쿠데타를 항의할 정도로 강직한 유신 재상이었다. 그러므로 세조의 이 말에서 허후같이 문과에 급제하고 강직한 유신 고위직이 육신으로 꼽힌 사실을 알 수 있다.

세조 본인이 언급한 육신(六臣)은 당대 유교 성리학 중심의 분위기상 또는 실록에 기록된 바에 거론된 것으로 보면 당연히 유신(儒臣) 중심이고, 당대의 명망가들로 실록에 다양하게 기록이 되어 있음을 알 수 있다. 즉 주동할 만한 사람들이었다는 정황이 기록되어 있다.

거사 모의, 그러나 운검이 사라지고

드디어 6월 1일 거사의 날이 밝았다. 명나라 사신 윤봉을 위한 연회장은 창덕궁 광연전이었다. 성승, 유응부, 박쟁이 운검으로 입시하기 위하여 큰 칼을 차고 대기하였다.

그런데 웬 날벼락인가! 한명회의 건의가 있었다. 연회장이 좁다는 구실로 운검의 입시를 배제한다는 것이다. 그래서 성삼문이 급히 세조에게 운검을 배제해서는 안 된다고 주청하였다. 그러나 세조는 신숙주를 시켜서 연회장을 보고 오라고 하였다. 그러나 신숙주도 장소가 좁고 더운데 운검을 배제하여야 한다고 아뢰었다. 결국 운검의 입시는 실패하였다.

긴급대책회의가 있었다. 박팽년과 성삼문은 거사 작전을 주재했던 김문기와 만나 긴급대책을 강구했다.

"운검이 연회장에 못 들어가는데 쳐들어가도 성공할지 모를 일이다. 또 만일 경복궁에 있는 세자가 창덕궁에 변이 있는 것을 알고, 군대를 동원하면 승패가 모를 일이다. 그러니 그냥 쳐들어가는 것은 안전한 대책이 아니다. 거사를 연기하고 차후에 왕이 농촌을 시찰하는 때에 길에서 거사하기로 하자"고 박팽년과 성삼문이 강경히 주장하였다고 한다. 부득이 세조가 농촌을 시찰할 때에 노상에서 거사하기로 연기하였다.

발각, 하늘이 버렸다

발각된 첫날, 국문 결과에 관하여 세조실록 기록은 성삼문이 포섭했던 성균관사예인 김질이 거사가 연기되자, 그 이튿날 그 장인인 정창손과 상황을 상의하였다. 김질로부터 단종 복위 운동의 일단을 들은 정창손이 김질을 데리고, 세조에게 밀고를 하였다. 밀고 내용은 "상왕이 금성대군의 옛 집에 왕래하실 때 시해하려는 음모가 있다. 세자와 상왕이 자리를 다툴 때는 상왕을 돕는 것이 옳다. 윤사로 신숙주, 권람, 한명회는 제거하여야 한다"는 것이고, 세조를 시해하는 내용은 없었다.

세조가 승지들의 입시를 명하였다. 좌부승지였던 성삼문도 입시하였다가 국문을 당하였다. 함께 모의한 사람들을 대라고 고문하였다. 성삼문은 김질이 고해 바쳤을 것으로 예상되는 박팽년, 하위지, 이개, 유성원, 유응부, 박쟁을 고했다. 하위지가 잡혀왔으나 기억에 없다고 부인하였다. 이개가 잡혀 왔으나 모른다고 부인하였다. 일단 성삼문, 하위지, 이개를 의금부에 보냈다.

일이 발각된 것을 알고 이휘(李徽)가 자수하고 고해 바쳤다. 세조가 내용을 더 알고 성삼문, 하위지, 이개도 불러냈다. 잡혀온 박팽년에게 매질하고 같이 모의한 자를 대라고 고문을 하였다. 박팽년이 성삼문, 하위지, 유성원, 이개, 김문기, 성승, 박쟁, 유응부, 권자신, 송석동, 윤영손, 이휘와 박중림을 댔다.

그리고 어제 연회장에서 운검을 시켜 거사하려고 하였는데 운검이 배제됨으로써 관가 때, 길에서 거행하기로 하였다고 다 불었다. 이개를 매를 치고 물으니 박팽년의 대답과 같았다. 전대미문의 혹독한 고문이 이어졌다. 나머지 사람들도 다 모두 문초에 복하였으나 오직 김문기만이 입을 다물고 불복하였다고 한다. 유성원은 집에 있다가 발각되었다는 소식을 듣고 목에 칼을 찔러 자살하였다.

세조 2년 6월 단종 복위 운동사건 때 당시 의용된 대명률(大明律)에 의하여 본인은 주범과 종범 구별 없이 수레에 사지 묶어 찢는 참혹한 환형을 당한 분이 46명(생전42명, 시신4명)이다. 그리고 이렇게 환형을 한 사람들의 아버지와 아들도 교수형에 처하였다. 3족을 멸한 것이다. 목숨 100 여 명이 넘게 죽었다. 이들의 재산은 모두 몰수되었고, 어머니와 처, 딸과 손자 이하는 노비로 전락시켰다. 멸문지화(滅門之禍)였다. 그 화의 범위가 너무나 컸고 너무 참혹하여 우리 역사상에 유례가 없는 순의(殉義)요, 비극이 아닐 수 없었다.

사육신 공원에 칠신이 있는 이유 : 추강집 사육신전

세조 때, 단종 복위 대 사건을 치르고 나서 자연스럽게, 그 중 유림이 가장 존숭할 여섯 분이 이미 꼽혔을 것은 당연하다. 그래서 사관이 육신의 명단을 후세에 전하려고 기술적인 방법으로 사초(史草)도 쓰고, 예종 원년부터 편찬된 세조실록의 편수관도 그러한 마음가짐에서 동 실록을 편찬한 것이 타당한 추론이다. 그 편수관에는 당대 유종(儒宗)이었던 김종직도 들어 있었다.

그 결과 육신사건이 발각된 세조 (1456년) 6월 경자(庚子) 일조에 많은 분을 국문하였지만, 성삼문, 하위지, 이개, 박팽년, 김문기에 대한 국문 결과와 유성원이 자살한 사실만을 기술하였다. 그리고 같은 달 병오(丙午) 일조에 많은 분들을 사형한 기록 끝에 성삼문, 박팽년, 하위지, 이개, 유성원, 김문기의 여섯 분에 대하여만 특별히 그 각 모의동기와 모의 내용 등 그 동안의 활동상을 나란히 개별 설명까지 붙여 열기(列記) 하였던 것이다. 이 여섯 분들 중심으로 당시에 육신 사건으로 그 이름을 후세에 전하고자 했을 것이며, 그래서 기록에 세조의 입을 통해 육신이라는 단어가 등장하게 된 것으로 추정된다.

역사서 삼국지와 나관중의 삼국지연의가 있듯이 한국의 대표적 충의 상징인 사육신에도 실록 기록들과 다른 명필 명문장가의 실화 실명소설이 문집에 등장하게 된다. 남효온의 추강집 사육신전이 바로 그것이다.

조선전기 학자 남효온의 시가와 산문을 엮어 1922년에 간행한 시문집이다. 내용8권 5책. 목판본. 1922년 후손 상규(相圭)에 의해 간행되었다. 초간본은 1577년(선조 10년) 외증손 유홍(兪泓)에 의해 5권 4책으로 간행되었고, 중간본은 1677년(숙종 3) 유홍의 증손 방(枋)에 의해 5권 5책으로 간행되었다. 서문은 없고, 권말에 조신(曺伸)의 발문과 유홍의 구발(舊跋), 방의 중간 발, 후손 상규의 발문이 있다.

조선 초 유림의 조종으로 불리던 김종직의 제자이자 생육신의 한 사람인 추강 남효온(秋江南孝溫,1454년~1492년)이 지은 사육신의 행적을 묘사한 전기소설의 추강집은 실제 간행자들은 유응부의 후손 유홍과 유방이다. 생육신으로 1454년생인 남효온은 성삼문이 죽은 1456년에는 겨우 3살이었으니, 이를 직접 봤을 리가 없다. 남효온이 듣고 읽은 것을 바탕으로 기록하였다고 하는데. 그 내용에 실록에 있는 김문기 내용들이 여럿 유응부 내용으로 바뀌어 등장한다. 이러한 이유로 사육신 전승 중에 육신이 칠신이 된다.

남효온이 「육신전」에 성삼문, 박팽년, 이개, 하위지, 유성원, 유응부 여섯의 전기를 간단히 썼다. 육신사건에 관한 문헌으로는 세조실록 외는 해동야언과 더불어 가장 오래된 문헌이다. 그리고 그 저자인 남효온의 성과는 기술된 육신의 의기와 그 충성 그리고 상상할 수 없는 혹독한 고문과 굴복 하지 않는 불굴의 감격스러운 내용으로 기술되어 있다. 그래서 많은 사람들의 심금을 울리고 500년 동안 육신사건에 관한 성서로 읽혀져 왔다.

육신전의 내용은 현대에는 우리가 모두 알고 있는 '세조 앞에서도 뜻을 굽히지 않은' 친숙한 사육신 이야기이지만, 내용상 조선 전기에는 충격이었을 작품이다. 그야말로 대놓고 계유정난을 비난하며 세조를 패륜아로 만들고, 노산군(단종)을 옹호하며, 당시에는 역적이 확실한 사육신을 '의기가 높다'며 칭송했던 책이다.

그러므로 조선 전기 세조의 후손인 왕실의 입장에서는 육신전은 곧 역적을 옹호하는 기록이었을 것이다. 왕실의 입장에서는 이런 책을 쓴 것은 물론이고, 가지고 있다는 것만으로도 역적죄를 각오해야 하는 것임은 분명하다.

조선 전기의 육신전은 공공연하게 언급되지는 않고, 인쇄도 잘되지 않으면서 사림 선비들 사이에서 몰래 몰래 필사해 가면서 보는 책이었을 것이다.

실제로 선조 실록에는 경원관 박계현이 성삼문이 충신이라며 육신전을 추천했다. 선조가 이를 읽어보고 분노를 터트리는 장면이 나오며, 책을 모두 거둬서 불태워 없애고, 이야기 하는 자도 처벌해야겠다는 발언을 했으나 신하들이 말려서 그만두었다고 기록되어 있다.

그러나 유림(儒林)은 달랐다. 공자 맹자 학문의 도(道)에서 세조는 주공(周公)과 대비되었다. 이 유림들의 존경하는 육신에 대한 마음들이 대대로 전승되어 남효온의 추강집을 삼국지 역사에 나관중의 삼국지연의(三國志演義)처럼 필사하게 하고, 인구에 회자(膾炙)되게 했을 것이다.

남효온이 계유정난 이후에 태어났음에도 불구하고 생육신의 일원으로 거론되는 것 역시 이 '육신'이란 이름이 정립되었기 때문이었을 것이다. 그 자체로는 사료적 가치는 분명히 낮지만, 단종과 사육신의 복권 등에 큰 영향을 미쳤으며, 삼국지연의처럼 역사적 이미지를 만들어내어서 오늘날까지 사육신이 조선 충의(忠義)의 상징이 되도록 만든 소설이라고 할 수 있을 것이다.

이러한 일련의 사육신 충의(忠義) 논거는 세조에 의해 시작되는 것도 역사의 아이러니다. 세조3년 (1457년 9월)에 단종복위 운동 사건 등에 목숨을 뺏긴 백여 명의 이름을 금비단 8폭에 병자원적(丙子寃籍)이라고 써서 당시 동학사에 보내 초혼(招魂)하여 제사를 지내게 하였다.

사육신 복권과 현창운동

육신에 대한 추모는 궁극적으로 육신의 현창 운동으로 발전한다. 육신의 역모 죄명을 벗기고 육신의 명예를 회복하고 충절을 현양하려는 운동이다. 이 운동은 유신들 특히 왕을 측근에서 모시는 신하로서 의리를 중시하는 성리학의 영향을 받은 벼슬아치와 유생들이 중심이 되어 이어졌다.

육신은 역모의 죄로 처형되었으므로 육신의 죄명을 벗기고 현창하자면 그 권한이 있는 왕이 죄명을 벗기고 충절을 표창하는 절차가 필요하다. 그러므로 현창 운동은 주로 왕에게 하는 수밖에 없었다.

사화(士禍)로 얼룩졌던 연산군 시대에 위축되었던 유림이 중종반정으로 재기하여 성리학의 의사상(義思想)이 존중되었다. 중종 이후 지속적으로 유림들의 육신 현창이 이루어졌다.

육신에 관한 세조실록의 기록은 모르고, 사림의 꾸준한 노력으로 드디어 남효온의 「육신전」에 기재된 여섯 분은 역적의 누명을 벗는 신원(伸冤)이 되기에 이르렀다. 숙종 17년. 12월5일. 청나라에 사신으로 다녀온 민암(閔黯)이 숙종의 물음에 대하여 "공자는 주周나라 신하이면서 백이숙제를 찬양하였습니다. 비록 명나라 방효유(方孝孺)까지 언급하지 않더라도 우리 동방의 정몽주의 예를 볼 때, 육신의 절의를 표창함에 걸림 이 없나이다. 세조께서 후세의 충신이라고 하신, 그 깊은 뜻을 알 수 있나이다."라고 아뢰었다.

숙종께서는 그 이튿날인 1691년 12월7일 남효온의 「육신전」의 육신의 벼슬을 회복하는 복관(復官)을 하고, 벼슬아치를 보내어 제사지내고, 민절사(愍節祠)에 사액(賜額) 한다는 역사적인 교서를 내렸다.

"무릇 나라가 먼저 서두를 일은 절의를 숭상 · 표창 · 장려하는 일보다 중요한 일이 없다. 신하로서 가장 어려운 일은 절의를 세워 목숨을 바치는 일보다 더한 일이 없다. 저 여섯 신하가 어찌 천명을 몰랐고 사람이 이를 거역할 수 없음을 몰랐을 것이오, 그런데도 마음에 결의하여 죽음을 택하고 후회함이 없었다. 이는 실로 사람으로서 하기 어려운 일을 능히 한 것이다. 그 충절은 수백 년 토록 늠름하다. 가히 방효유(方孝孺)와 경청(景淸)에 비교할 만하다. 마침 선릉에 일이 있어 행차가 육신묘 곁을 지남에 감회가 더욱 깊다. 세조께서 당세(當世)에는 난신(亂臣)이지만 후세의 충신이라고 하신 말씀은 뜻이 여기에 있다. 오늘 육신을 복관하는 일은 실로 세조의 남기신 뜻은 계승함이요, 세조의 덕을 빛냄이 될 것이다"

이 내용의 비망기(備忘記)를 숙종이 내렸다. 순의 이후 235년 만에 복관 신원이 이루어진 것이다. 역적에서 충신으로 바뀐 것이다. 물론 이때까지도 세조실록을 열람하지 않았다.

기록에 성승을 복관하여 달라는 김진남의 상소문에 "성삼문의 아버지 성승이 목숨을 버리고 의를 취함은 육신과 다름이 없는 고로 육신전에 실려 있습니다. 육신전을 보시고 크신 은혜로 이미 육신의 복관을 명하셨습니다."라고 하여 이를 증빙한다.

유응부는 숙종 때 복관되었지만 남효온의 육신전에 유응부로 잘못 기록 전승된 김문기는 이때 복관되지 못하였다. 그 후 세손의 호소로 숙종 43년 (1717년)에 김문기 복관의 왕명이 있었다. 그러나 호소인의 사망으로 복관교지(復官教旨)는 영조 조(1731)에 발행되었다.

글로벌 콘텐츠, 그 가능성과 사육신 현창

노이즈 마케팅(한국어식 영어 : noise marketing)은 상품의 홍보를 위해 고의적으로 각종 이슈를 만들어 소비자의 호기심을 불러일으키는 마케팅기법으로 특히 단기간에 최대한 인지도를 높이기 위한 경우에 쓰인다.

주로 좋은 내용보다는 자극적이고 좋지 않은 내용의 구설을 퍼뜨려 소비자의 입에 오르내리게 한다. 비록 부정적인 이미지로 굳혀질 수 있는 위험이 있지만, 반대로 매출은 올라간다는 결과가 있다. 이미지와는 별개로 노이즈 마케팅으로 인해 머릿속에 인식되어 구매로 이어지는 경우가 많다.

최근에는 인터넷이 크게 발달함에 따라 노이즈 마케팅의 중요한 도구로 사용되고 있다. 이런 노이즈 마케팅이 원하든 원하지 않든 사육신 공원에는 가득하다. 어느 가문이 육신(六臣)의 하나인가가 중요한 것이 아니라 두 가문, 기타 가문들의 현창 노력이 모이고 모여 글로벌 콘텐츠가 될 수 있는 K-역사문화 한류의 중심 가치를 지키고 있다.

왜 조선의 대표적인 충의의 상징이 되었는가?

왜 사육신인데 칠신인가?

김문기와 유응부 선생 중 누구인가?

세조실록과 추강집 사육신전

왜 노량진인가?

조선 600년의 수도 한강. 저 건너 너머의 궁궐들을 바라보면서 작은 공원. 그 속에 7분의 신위가 모셔져 있고, 도도히 흐르는 강물에 충절(忠節)의 한(恨) 많은 설움이 소리 없이 흐른다. 그렇게 유림(儒林)에서 마음 깊숙이 심어져 자라고 꽃피고 숲을 이루어 조선 충의(忠義)의 상징이 되었다.

한반도 남북한에서 거부감 없이 받아들인 사육신. 그들을 죽인 세조조차 당세(當世)에는 난신(亂臣)이지만 후세의 충신이라는 평으로 그 정신적 역사 가치를 인정하였다.

이제, K-pop, 한식, 태권도 등 여러 한류(韓流)가 글로벌 콘텐츠로 성장 발전하고 있다. 한국의 정신문화 가치를 찾는 이들이 점점 더 늘어나고 많아질 것이다. 이때, 한국을 대표하는 역사문화 기록콘텐츠는 조선왕조실록 등이고 이를 통해 역사 스토리들이 되살아날 것이다. 이즈음 우리는 다시금 사육신(死六臣)과 그 분들의 현창이 미래 한국 사회와 글로벌 세계인들에게 어떤 삶이 가치가 있고, 보람이 있는지 되새기는 계기를 마련할 것이라는 생각에 머문다.

사육신 현창은 이제 한국 사회의 질서와 정신문화적 가치의 상징에서 세계인들에게 공동체 핵심가치인 중심을 지켜나가는 충의(忠義) 정신을 심는데 이바지해야 할 것이다.